明智光秀 ゆかりの地を歩く

史料で読み解く
明智光秀の生涯
太田浩司

天下布武
光秀と織田信長
松下　浩

娘が語る父明智光秀
細川ガラシャの生涯
畑　裕子

2020年大河ドラマ
「麒麟がくる」
主人公

日本史最大の謎とされる「本能寺の変」をはじめ
あまたの謎に包まれた明智光秀

出身地はどこか
どんな身分に生まれたか
信長に出会うまでの足跡は？
なぜ主君信長を襲ったのか
光秀の素養はどの程度だったのか
城づくり、戦略に本当に優れていたのか
本書では正確な史料を基にこれらの謎に
迫りつつ光秀の生涯を追う

明智光秀・熙子の像（富樫実作・西教寺蔵）

【目次】

琵琶湖西岸・高島市の乙女ヶ池

主人公・明智光秀ゆかりの地

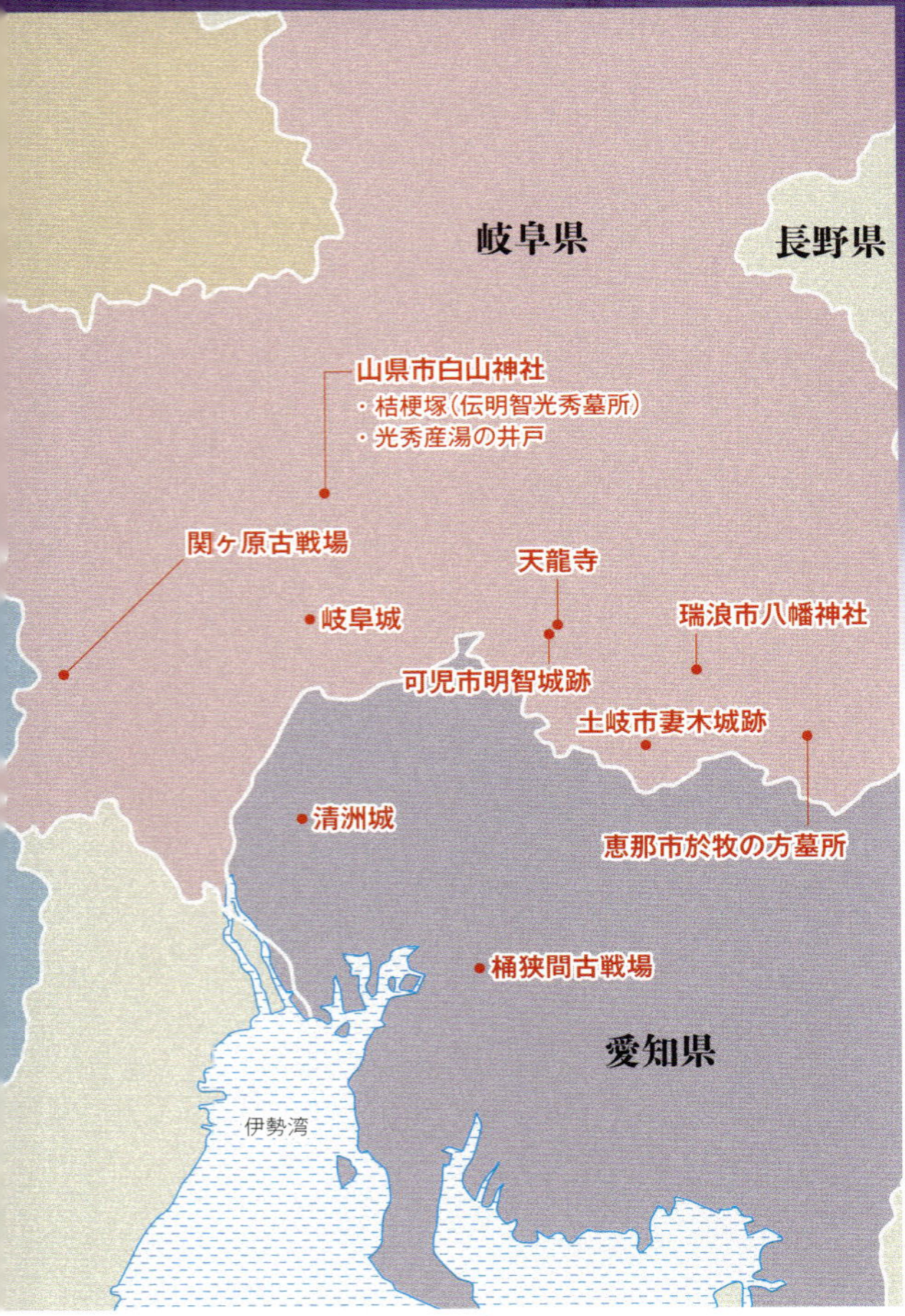

光秀出生伝承が残る美濃

山県市　白山神社

可児市　天龍寺

恵那市　於牧の方墓所

土岐市　妻木城跡

瑞浪市八幡神社

可児市　明智城跡大手門

多くの謎に包まれた戦国武将明智光秀、大河ドラマ「麒麟がくる」放映を機に、さらにその出生地論争は高まり、本能寺の変の黒幕探しも熱を帯びてきた。ドラマがいかに展開するかはこれからのお楽しみとして、本書では、すでに判明している事実関係について史実を基に紹介する。

信長　天下布武への出発点

岐阜城

清洲城

豊明市　桶狭間古戦場跡

天下布武へ光秀活躍の舞台

近江八幡市安土町　安土城

大津市　坂本城址

大津市　西教寺

2020年 大河ドラマ 麒《き》麟《りん》がくる

光秀、丹波平定。亀岡・福知山城主に

福知山城

福知山市　御霊神社

亀岡市　丹波亀山城

亀岡市　光秀像

長岡京市　勝龍寺城公園

亀岡市　老いの坂

光秀終焉の地

京都市　小栗栖

大山崎町　山崎古戦場跡

京都市　本能寺跡

運命の出会い足利義昭、朝倉義景

福井市　朝倉館庭園

福井市　明智神社

光秀の出生地として有力な岐阜県可児市の明智城址大手門付近（写真提供：可児市）

明智光秀の生涯
信長家臣への道筋

太田　浩司

光秀の生年と出自

明智光秀の信長に仕官するまでの前半生は、謎に包まれている。その生年すら二説あって定まらない。一つは、光秀の生涯を描いた軍記物である『明智軍記』や、光秀の盟友であった細川藤孝の細川家に伝来した『綿考《めんこう》』が伝える説で、光秀の享年を五十五とするものである。これだと、享禄元年（一五二八）に生まれたことになる。もう一つは、比較的内容に信憑性があると言われる軍記物『当代記』に享年六十七とする。こちらの説だと、永正十三年（一五一六）の生まれとなる。結局、一回り違いなのだが、どちらが正しいか、今のところ決め手がなく結論が出ない。

出身地もよく分からない。光秀が親しかった京都吉田神社の神官である吉田兼見《かねみ》の日記に、親類が美濃にいると記されているので、美濃であろうことは従来から言われてきた。美濃国の守護土岐《とき》氏の一族で、室町幕府の直臣（奉公衆《ほうこうしゅう》と言う）で明智氏がいたことが知られるので、その一族であったと考えるのが一般的である。その他にも、京都で朝廷の

可児市瀬田の光秀居住跡にはかつては産湯跡があったと伝わるが現在はとりこわされている

恵那市明智町多羅砦跡は、千畳敷と呼ばれ土岐明智城があったところで、ここに伝わる光秀産湯の井戸

「御蔵職」という役目を担っていた立入宗継《たてりむねつぐ》という人物が書いた『立入宗継記』という記録に、天正七年（一五七九）に光秀が信長から丹波一国を与えられたことに関連して、光秀は美濃国住人で、土岐氏の「随分衆《ずいぶんしゅう》」だと記している。「随分衆」とは、土岐一族のなかでも相当の地位があるとの意味である。

明智長山城は、美濃源氏土岐下野守頼兼が苗字を「明智」と改め、初代明智家の棟梁となり明智荘瀬田（現　可児市瀬田）に康永元年（1342）に築城。主郭とされるところは現在配水池となり旧状はとどめていないが、東出丸、溺手曲輪、二の曲輪、西出丸、乾曲輪と伝わる場所がある。写真は、大手門への「桔梗坂」

明智長山城初代城主土岐（明智）頼兼が出家、「前柱」と称し建立したと伝わる東栄寺。かつて明智一族の菩提寺で、三重塔、山門を配した一代伽藍を誇った

ただ、美濃国内のどこであるかは諸説あって定まらない。江戸時代の地誌である『美濃国諸旧記』に、岐阜県可児《かに》市内の広見・瀬田の明智城が、「光」の字がつく土岐明智氏の居城であったとされる。また、同県恵那市明智町には「光秀産湯の井戸」や、県指定史跡になっている明知城址には、「光秀学問所址」に建てられたという天神神社があり、近くの龍護寺には光秀の供養塔もある。ただ、こちらは東美濃の国衆《くにしゅう》である遠山氏の一族であった明知氏の居城と見られており、どちらかと言えば前者の可児市の方が有力だと、小和田哲男氏は述べている（同『明智光秀』）。この他、岐阜県内には瑞浪《みずなみ》市・山県《やまがた》市・大垣市に光秀出生を伝える伝説が残っている。

さらに最近、滋賀県内では犬上郡多賀町佐目出身説が浮上して話題を呼んでいる。これは、近江国の地誌『淡海温故録《おうみおんころく》』に記されたもので、当地に明智光秀が居住したと記している。そこには、明智氏の本国は美濃国で、その守護である土岐成頼《しげより》に仕えていたが、後に背いて近江国の守護であった六角高頼に身を寄せたとある。明智氏は土岐氏庶流の旧家であるから大切にせよと高頼は述べ、扶持米を与えた。それから、二・三代この地で暮したが、そこで生まれたのが光秀。才能に満ちた人物であったので、越前国朝倉氏に仕官することを望み、佐目を離れたと記している。佐目の上出《かみで》集落にある十二祖神社の参道横には「十兵衛屋敷」と呼ばれる地があり、当地が光秀の屋敷地だったという伝承がある。もちろん、光秀は美濃出身と考えるのが無難だが、近江にもゆかりの地があることは、両者の密接な関係を示すものであろう。

天龍寺は曹洞宗の寺院で大正12年（1923）に本堂、開山堂、明王堂、鐘楼門を焼失したが、昭和45年（1970）の本堂落慶後再建が進み、日本一といわれる光秀公の位牌がまつられ、明智一族の菩提寺として毎年光秀公の法要が営まれている。写真は境内の明智一族の墓所（可児市）

明智一族の墓所のある可児市天龍寺

明智長山城の城跡碑（写真提供：可児市）

明智長山城の本丸付近（写真提供：可児市）

光秀誕生地の伝承「明知城」

恵那市明智町は、明治から大正にかけて製糸業で栄え、現在の街並みが作られた。その要が中馬街道と南北街道で、明知城はこの二つの道の交差点を抑える小高い山に築かれている。

明知城は日本三大山城に数えられる岩村城の城主、遠山景朝の子である遠山景重の居城として築城され、別名白鷹《しらたか》城または明智城といわれるので、可児市の「明智長山城」と混同されたり、明智光秀生誕の城といわれているが諸説ある。

美濃と信濃の国境に位置するため、織田氏と武田氏の間で争奪戦が繰り広げられ、武田信玄の家臣・秋山信友や、織田信長の嫡男である織田信忠などによって制圧されている。

「関ケ原の戦い」の際に遠山利景によって平定され、そのまま利景が城主となったが、元和元年（1615）閏6月の一国一城令によって明知城は廃城となり、その後は山麓に築いた明知陣屋で、明治維新による廃藩置県に至るまで、遠山氏がこの地を治めた。

遠山氏一族の菩提寺龍護寺

標高530mの山に築かれた地形を巧みに利用した山城で、今もなお大小23箇所の土盛砦が原型のまま残っており、県の指定史跡となっている。

明知城は、恵那市南部では岩村城に次ぐ規模の城郭で、城跡は現在公園となり、散策道も設けられている。

石垣は見られないが、多くの曲輪《くるわ》、堀切《ほりきり》等が良好に残されている。特徴的なのは、主要な曲輪の周囲に設けられた「畝状空堀群《うねじょうからぼりぐん》」と呼ばれる遺構だ。これは斜面に平行するように設けられた堀（横堀）と、斜面に直行するように設けられた複数の堀（竪堀）を組み合わせたもので、斜面を伝って侵入しようとする敵兵の動きを封じる目的で築かれた。畝状空堀群を持つ城郭は、恵那市域でもごく限られており、その築かれた時期も今のところ定かではない。

龍護寺内の明智光秀供養所

城主の遠山明知氏は、遠山景朝の子、景重を祖とし、鎌倉時代には明知氏が遠山一族の惣領であった（『岐阜の山坂ベスト50を歩く』サンライズ出版を参照）。

光秀の母「於牧《おまき》」の墓所付近。光秀の母「於牧」は姑に嫌われ光秀を連れて、この地を離れ若狭国小浜に行ったと伝わる

明知城（白鷹城）城門の溺手《からみて》砦跡

光秀学問所址に建てられた天神神社

明知城（白鷹城）城門の石垣跡

■日本大正村

昭和59年(1984) 旧恵那郡明智町に開村。初代村長には女優の高峰三枝子さんが就任、その後司葉子さんが引き継ぎ平成25年(2013) には公益財団法人日本大正村へ移行、平成27年からは竹下景子さんが村長。毎年5月3日には生誕伝承にちなんで「光秀まつり」が開催される。村内には役場や資料館など30の見どころスポットが点在し、大正時代の面影を残す建物が移設され、大正時代を満喫できる。

岐阜県恵那市明智町1884番地３

☎0573-54-3944

清洲城
信長天下布武の出発点

東海道新幹線から見ることができる清洲城は町制100周年記念事業として再建された模擬天守であるが、織田信長の居城として知られ、信長はこの城から「桶狭間の戦い」に出陣している。本能寺変後に信長の後継者を決める「清洲会議」が行われた城でもあったが、江戸時代に入って、徳川家康により清須から名古屋への遷府（清洲越し）が指令されると、清洲城は名古屋城築城のための資材として解体された。城跡の一部が「清洲公園」と「清洲古城跡公園」として整備されており、信長と濃姫の銅像が建つ。

■清洲城

平成元年（1989）清州町制100周年を記念して模擬天守が築かれ、内部には発掘遺跡や清洲城の歴史を紹介している。

愛知県清須市朝日城屋敷1

☎052-409-7330

清洲古城跡公園に立つ信長と濃姫の銅像。若々しい武者姿の信長像（右）

■織田信秀墓所大須万松寺

織田信秀（信長の父）は信定の嫡男で、17歳で家督を継ぎ織田一族の内紛を制し尾張一円を領した。その後、革新的な政策で尾張の商業を大きく発展させ「尾張の虎」と呼ばれる。駿河の今川氏親、美濃の斎藤道三との合戦を重ねながら領土を拡大し、信長の天下布武推進の礎を築いたが、天文21年（1552）に逝去し境内に埋葬された。

名古屋市中区大須3丁目29-12

☎052-262-0735

信長の転機となった「桶狭間の戦い」

元服を終えた信長は美濃の斎藤道三の娘帰《き》蝶《ちょう》と婚姻、斎藤、織田のそれぞれの思惑があり、婚姻によって双方が同盟を結んだ。ところが弘治2年（1556）道三が長男義龍と対立し、信長が救援に駆け付けたが道三は義龍に討たれる。

永禄3年（1560）、信長は今川義元の軍勢を桶狭間で迎え撃ち取ったことで信長の軍事的実力が証明され、国内統治を進めるうえで立場がより強化されることにつながった。桶狭間の戦いの場所については諸説ある。

今川義元を供養する曹源寺（豊明市）

桶狭間古戦場跡（豊明市）

曹洞宗快翁和尚が「桶狭間の戦い」の戦死者を葬り供養した戦人塚（豊明市）

金華山に立つ岐阜城（稲葉山城）

岐阜城は鎌倉時代にすでに築かれたが、本格的な築城は斎藤道三が行ったといわれ、永禄10年（1567）信長は小牧山からここへ本拠を移す。4度の発掘調査で信長時代の遺構が発掘された。

【岐阜公園・歴史博物館】

金華山ふもとに広がる公園で信長の庭園をはじめ、岐阜市歴史博物館、加藤栄三・東一記念美術館、明和昆虫博物館など多くの施設がそろう。

問 岐阜公園総合案内所

☎ 058-264-4865

天守への道

長良川の南岸に聳える標高329mの金華山にある岐阜城。ロープウェイを利用すれば3分で頂上駅に着く

明智光秀にまつわる伝承が美濃国各地に残る

「美濃国住人ときの随分衆也　明智十兵衛尉」という文書の存在から、明智光秀の出生地は美濃であるとされ、岐阜県内には多くの伝承が伝わる。

なかでも山県《やまがた》市《し》では、山崎の合戦で死んだのは影武者であり、実は戻ってきているとの話も伝わる。

すでに本書でも出生については謎が多いと記しているが、大河ドラマ放映のニュースとともに、出生地論争はエスカレートしている。

■一日市場《ひといちば》八幡神社の光秀像（瑞浪市）

八幡神社は美濃源氏・土岐一族によって「一日市場館」が築かれた場所と伝わり土岐氏一族である光秀の像がある。　問 瑞浪市商工課　☎0572-68-9805

■明智長山城（可児市）

光秀が誕生し、落城までの30年間を過ごしたと伝わり、大手門への道は桔梗坂と名付けられている。

問 可児市観光交流課　☎0574-62-1111

光秀の母が「たとえ三日でも天下をとる子を…」と祈ったとされる行徳岩（山県市）

■白山神社の桔梗塚

光秀は土岐四郎基頼と地元の娘との間に中洞で生まれ、その後明智城主明智光綱の養子になったと伝わり、生き延びて中洞にすんでいたという。白山神社の桔梗塚には「光秀の墓」と「五輪塔」があり、毎年供養祭が行われる。

山県市中洞2258　問 山県市まちづくり・企業支援課

☎0581-22-6831

■天龍寺

日本一といわれる光秀公の位牌がまつられ、明智一族の菩提寺として毎年「光秀供養祭」が行われる。

可児市瀬田1242　☎0574-62-1859

■可児市へのアクセス
【電車で】名古屋からＪＲまたは名鉄、新可児駅で名鉄広見線に乗換え明智駅下車（約1時間）
【車で】名神高速御嵩IC下車

■山県市へのアクセス
【電車で】ＪＲ名古屋駅→ＪＲ岐阜駅（約20分）→ＪＲ岐阜駅から岐阜バスで約35分「山県市役所前」下車
東海道新幹線・岐阜羽島駅から車で約1時間

■瑞浪市へのアクセス
【電車で】名古屋駅からＪＲ中央本線瑞浪駅（約50分）
【車で】中央自動車道瑞浪ICから10分

■恵那市へのアクセス
【電車で】名古屋駅からＪＲ中央本線恵那駅下車
【車で】東名高速道路小牧ＪＣＴから多治見・飯田方面を北へ走行恵那IC

■可児市観光交流館（写真提供：可児市）

可児市内山城巡りの拠点施設および観光案内所の1階は戦国時代本陣をイメージし陣幕や甲冑の展示と試着ができる。隣接して戦国山城ミュージアムがある。

可児市兼山674-1　☎0574-59-2288

■森一族の菩提寺「可成寺《がじょうじ》」

妙向尼が、江州宇佐山の戦いで戦死した夫・森可成の菩提を弔うため創建した森家の菩提寺。本能寺の変で亡くなった蘭丸をはじめ可成、長可、坊丸、力丸の墓がある。

問 可児市観光交流課
E-mail: kankou@city.kani.lg.jp

妻木氏の居城「妻木城」

土岐市の南部妻木町の城山に城があり、妻木城主は美濃焼を生産した城主として知られる。明智光秀夫人の熙子《ひろこ》は妻木氏の娘で、婚姻の時期は不明であるが、終生仲良く暮らしたという。妻木城は本能寺の変後、東濃地域一帯は美濃金山城主の森氏が平定し、妻木氏はその配下に入った。

土岐市妻木町字本城　問 土岐市文化スポーツ課　☎0572-54-1111

森氏の居城「美濃金山城」

湊町として栄えた可児市兼山の金山城は、斎藤正義が築城し、烏峰城といったが正義が謀殺されると落城。その後、信長臣下の森三左衛門可成によって金山城と改められた。慶長5年（1584）には忠政が転封となると翌年には破却された。

兼山には戦国ミュージアムなど山城ファンの注目の施設がある。

問 可児市文化財課
☎0574-62-1111

（提供：可児市）

細川藤孝（幽斎）画像（天授庵蔵）

朝倉義景画像（心月寺蔵　提供：福井市立郷土歴史博物館）

もともとの主君は誰か

光秀の事績を伝える軍記物『明智軍記』は、光秀が信長に仕える前、弘治三年（一五五七）から永禄五年（一五六二）までの足かけ六年間、諸国を遍歴して武者修業をしていたと記すが、この話はまったく裏付けがない。その中で、奈良の寺院記録『多聞院日記』の天正十年（一五八二）六月十七日の条に、山崎合戦・光秀敗死に触れたあと、もともと細川藤孝の「中間《ちゅうげん》」だったと記すのは注目できる。その功名により信長から厚遇されたが、大恩を忘れ謀反に及んだので、こんな死に様となったと敗死を評する。また、同時代に京都で活躍した医師江村専斎《えむらせんさい》の話を載せた『老人雑話』にも、光秀は細川藤孝に仕えていたことがあると記されている。細川家は、後に光秀が娘のガラシャを嫁に出すことになる、明智家とは親しい家柄であるが、それ故にこの記述は信頼できるかもしれない。

一方、最近注目されているのは、「永禄六年諸役人附」と言われる史料である。この史料は前半部が第十三代将軍であった足利義輝《よしてる》

浪人中の光秀がここ称念寺門前に寺子屋を建てて生活したと伝わる。称念寺は時宗の長崎道場と呼ばれ、室町幕府、徳川将軍家など時の権力者の庇護を受け栄え、時宗の祖、「他阿上人新教像」（国指定重要文化財）など多くの文化財が伝わる（福井県坂井市丸岡町）

「あけっつぁま」と呼ばれる明智神社は元屋敷跡とされる東大味（福井県福井市）にたつ

の直臣リストで、後半は第十五代将軍であった足利義昭が越前一乗谷にいた永禄十年（一五六七）頃の側近リストであることが解明された。そのリストの中に「足軽」として「明智」の名が見えているのである。この場合の「足軽」とは雑兵ではなく騎乗しない将軍近臣を指すと見られており、光秀のことを指すと考えていいだろう。この記述を信用すれば、光秀は先祖の室町幕府の奉公衆だった明智家と同じく、将軍を守護する親衛隊の一員だったことになる。

一方で、『明智軍記』は光秀が越前朝倉氏に仕えた話を載せている。五百貫文の知行を与えられ鉄砲寄子《よりこ》百人を預けられたとある。また、『細川家記』にも義景から五百貫文で召し抱えられたとある。先に紹介した『淡海温故録』でも、朝倉義景にお目見えして、二十貫文の知行を給わり屋敷も与えられたという記述があった。このように、光秀が越前の戦国大名である朝倉氏の家臣上がりという説は、昔から存在するのである。現在も一乗谷の大手筋に当たる福井市東大味《ひがしおおみ》には、光秀の屋敷跡と伝える場所があり、「あけっつぁま」と呼ばれる明智神社も存在する。

以上のように、細川藤孝、足利義昭、朝倉

二条城
御所の守護と将軍上洛の時の宿舎として徳川家康が造営。家光の時代に本丸御殿や伏見城から移築した天守閣が整備された（京都市）。

旧二条城跡
三好三人衆の襲撃があり将軍が仮御所住まいでは防備上問題があることから、信長は新しい将軍邸として斯波氏居館跡に二条城を築城。光秀も奉行に一人として工事にかかわったと考えられている。室町幕府滅亡後に解体された。

義景、いずれの家臣だったか結論は出ないが、義昭が一乗谷にいた永禄九年（一五六六）九月から、永禄十一年（一五六八）七月の間に、光秀も同所におり、この三者と密接な関係があったことは明らかであろう。その後、義昭・藤孝ともに美濃国の信長のもとに移り上洛を企てることになる。『細川家記』は、この義昭と信長を結びつけた立て役者を光秀とする。この点は、多くの研究者に受け入れられているようである。

　信長・義昭と共に京都に登った光秀は、翌年に当たる永禄十二年（一五六九）正月四日には、三好三人衆に攻められた京都本圀寺《ほんこくじ》の義昭を、一緒に籠城して守っているし、その年の二月二十九日には、信長の家臣であった村井貞勝や朝山日乗と連名により京都で政令を発している（陽明文庫所蔵文書）。同年四月十四日には、永遠のライバルとなる木下秀吉（後の羽柴秀吉）と連署して、山城国賀茂庄に関する文書を出している（沢文書）。この後、光秀は京都における信長政権の代表者の一人となっていくのである。

一乗谷朝倉氏遺跡と庭園

美濃から越前に身を寄せた光秀が知遇を得た朝倉義景、このことでその後の光秀の運命が大きく変わっていく。朝倉氏は応仁の乱の活躍をきっかけに本拠を一乗谷に移し、斯波《しば》氏、甲斐氏を追放して越前を平定。以後5代130年間にわたって越前の中心として繁栄したが、信長から越前八郡を与えられた柴田勝家が、本拠地を北ノ庄に移したため辺境となり田畑の下に埋もれていった。昭和42年（1967）に発掘が開始され、その後調査結果を基に建物や地割が復元された。

一乗谷朝倉氏遺跡の唐門

発掘された朝倉氏館

一乗谷で最も規模が大きく豪壮華麗な諏訪氏館庭園の滝副石《たきぞえいし》は高さ４m13cmで日本最大

まちなみ立体復元地区（武家屋敷）

■一乗谷朝倉氏遺跡へのアクセス

【電車で】JR福井駅からバス朝倉氏遺跡資料館前下車すぐ

【車で】北陸道福井ICから10分

問 遺跡管理事務所　☎0776-41-2173

興聖寺・旧秀隣寺庭園
　都の反乱を避け朽木に滞在した12代将軍足利義晴を慰めるために作られたもので足利庭園ともいわれる。(高島市朽木)

足利義昭画像(東京大学史料編纂所所蔵模写)

永禄九年、近江高島郡田中城にいたか？

　ところで、最近注目されているのは、足利義昭に仕えた医師で、その子孫が細川家の家老となる米田貞能《こめださだよし》が記した『針薬方《はりくすりかた》』という医薬書である。この本には、合戦で傷を受けた兵士の容態の見分け方を記した「手負《ておい》見様事《みようのこと》」という五ヶ条の病状に関する書付を載せる。その永禄九年（一五六六）十月二十日の奥書に、この「手負見様事」は明智光秀が高島郡田中城（滋賀県高島市安曇川町田中）に籠城した時の口伝《くでん》を纏《まと》めたものと記しているのだ。だとすると、永禄九年より以前に光秀は近江国と関与し、田中城に入っていたことになる。

　実はこの医薬書は、義昭の側近であった三《み》淵藤英《ぶちふじひで》・一色藤長らが出した文書の裏に記されたもの。つまり、三淵や一色の書状が不要となったので、その裏に医薬書を書きつけた状態で伝わったものなのである。この三淵や一色らの書状からは、永禄九年の段階で、まだ近江国矢島（守山市矢島町）に滞在中の義昭を奉じて、信長が都を目指す「幻の上洛計

足利最後の将軍義昭が還俗後に過ごした矢島御所があったとされる少林寺（滋賀県守山市）

田中城跡登り口

琵琶湖の西、高島（現　高島市）は佐々木高信が田中郷の地頭となり一族（高島七頭）が鎌倉時代から戦国にかけて割拠したが、朽木氏以外は戦国末期に朝倉氏や浅井氏に従ったことから信長の攻撃の対象となり滅んだ。田中城は松蓋寺《しょうがいじ》の遺構を城に再利用したもの（高島市田中）

画」があったことが知られる。実際の上洛の二年前である。この上洛計画は、八月二十九日に発覚した六角氏の裏切りにより実現しなかったが、先の奥書は、光秀が義昭の上洛を助けるため、近江から京都への湖西路を押さえる田中城へ入城していたことを示すと理解されて来た。

しかし、この『針薬集』の解釈を信じていいのだろうか。永禄九年という早い段階においては、そもそも光秀と義昭が会っていたかも疑問で、その上洛計画に関与したという確証もない。また、当時の湖西・高島郡の政情をみると、永禄六年（一五六三）の観音寺騒動以来力が落ちた六角氏に替って、北近江の浅井氏の勢力が伸長して来た時代である。

例えば、先の「手負見様事」の奥書が記された同じ年の永禄九年四月十八日に、浅井長政は千手坊なる天台宗系の僧侶に、西林坊・定林坊・宝光坊の三人を浅井方に引き入れたことを賞する文書を出している（聖衆来迎寺文書）。この文書にある定林坊は、木津《こうつ》庄内の霜《しも》降《ふり》村（高島市新旭町旭）にあった寺院と見られ、「田中殿」から没収分を、浅井長政はこの寺坊に宛行《あてが》っている。「田中殿」の詳細は不明だが、光秀がいたという田中城周辺の勢力だろう。

浅井長政像（滋賀県立安土城考古博物館蔵）

浅井長政夫人像（滋賀県立安土城考古博物館蔵）

永禄４年（1561）浅井賢政は名を長政と改め、信長の妹市を妻に迎え、浅井、織田同盟が成立したが、元亀元年（1570）信長が越前朝倉氏を攻めたことで一転、浅井三代は元亀４年（1573）９月１日、長政の自刃で歴史を閉じる。

その所領を他の者へ与えるだけの権限を、浅井氏はこの地域に持っていた。この時期の光秀の行動は杳《よう》として知られないなか、浅井氏勢力下の高島郡田中で信長や義昭の影響下、一働きすることなど到底考えられない。

光秀が一乗谷に落ち着く前の遍歴の途中、田中城に在住していた可能性は否めないものの、その場合は信長・義昭の動きとは無縁であろう。また、美濃国出身の光秀が、北近江の浅井氏に仕えていた事実があれば、湖西での活躍も説明できるが、そのような史料は一切存在しない。そもそも『針薬方』の「手負見様事」の部分は、米田貞能が出した文書に引用される形で掲載されており、古文書原本ではなく、後から古文書自体を反故紙《ほごがみ》に写し取ったものである。したがって、この転写の段階で手が加わっている可能性もある。この光秀の田中城籠城の話は、元亀三年（一五七二）七月二十六日、浅井方が籠城する田中城を落城させた功績により、信長が光秀に同城を与えた話を、『針薬方』の編纂者らが混同して記したものではないだろうか。永禄九年（一五六七）段階で、光秀が田中城にいた事実は、当時の湖西の政治状況からして、再検討する必要があるように思う。

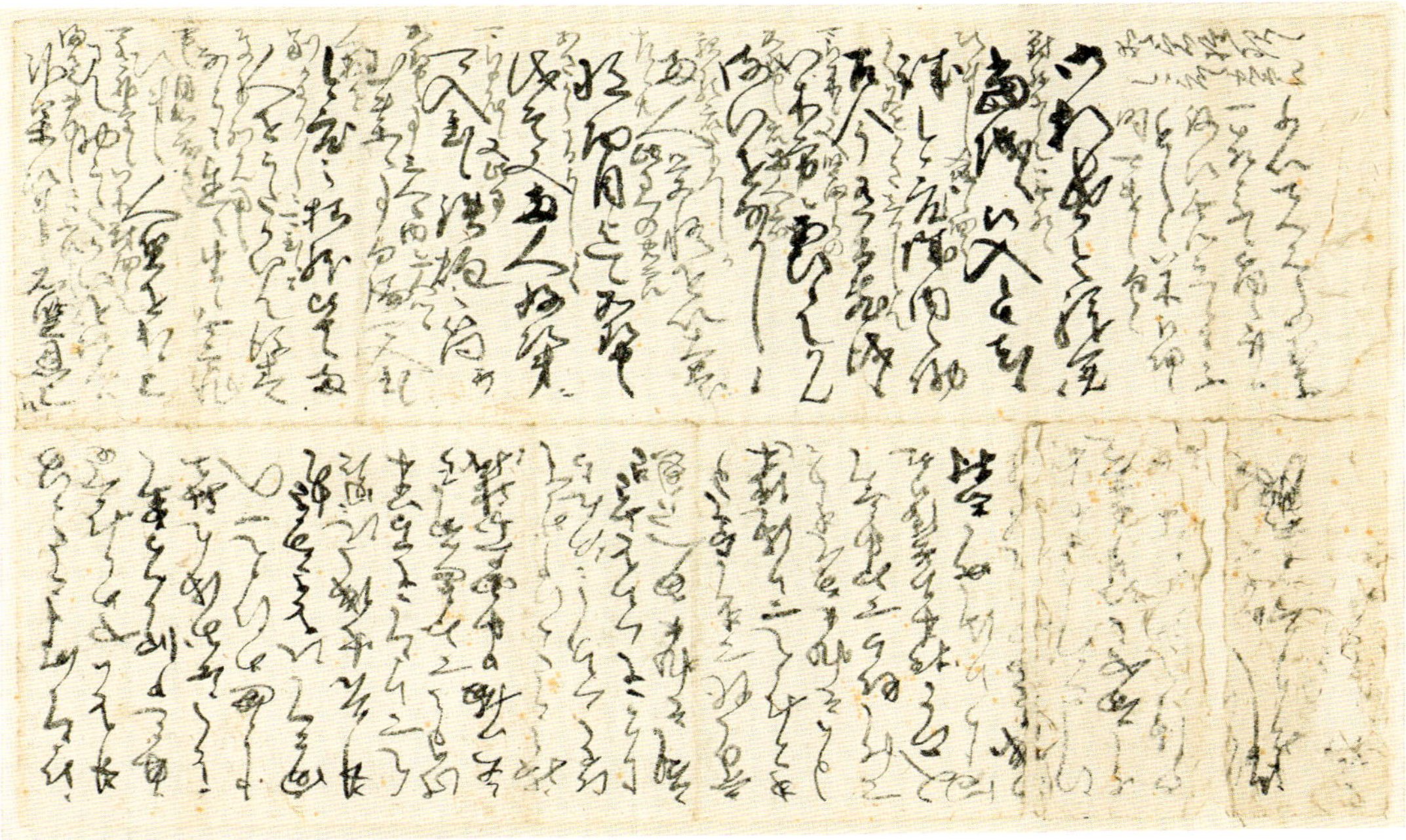

９月２日付明智光秀書状　和田秀純宛
（個人蔵　提供：大津市歴史博物館）
和田氏と仰木の土豪八木氏が織田方に味方すると伝えたことへの礼状。「撫で斬り」という戦国ならではの残忍さがうかがえる表現がみられる。

雄琴神社

比叡山攻撃の主将

元亀元年（一五七〇）四月、信長と同盟を結んでいた浅井氏は、越前朝倉氏を攻めようとした信長に離反する。この後、浅井・朝倉氏が織田信長軍を、湖北に迎え撃つ姉川合戦、湖西の比叡山周辺で両軍が戦う「志賀の陣」があった。「志賀の陣」の一環として、浅井・朝倉軍を迎え撃って、坂本で戦死した森《もり》可成《よしなり》に替り、その年末までには宇佐山城主（大津市錦織町）に光秀は任じられ、湖西の敵対勢力の掃討に力を尽くすことになる。この掃討作戦における最大の事件が、比叡山焼き打ちであった。

　その比叡山の悲劇の十日前にあたる元亀二年（一五七一）九月二日、光秀は味方についた雄琴（大津市雄琴町）の地侍・和田秀純《ひでずみ》に宛てて書状（和田家文書）を認《したた》めているが、そこには戦国の残虐さを目の当たりにする記述がある。「この度、仰木《おおぎ》（大津市仰木町）の地侍である八木氏が味方になり、宇佐山城に入城したことは非常に嬉しく、八木に城内で対面した時は「感涙」を流した」と記す。そ

比叡山根本中堂

比叡山焼き打ちで唯一残った建物の瑠璃堂

の他、入城した者のリストを上げて欲しいこと、八木に加勢した堅田衆の詳細を教えて欲しいことなどを述べた上で、八木の地元にはまだ浅井・朝倉勢がいるので、「仰木の事ハ是非ともなできりニ仕《つかまつ》るべく候」と記す。「撫《な》で切り」は、皆殺しの意味であり、光秀が浅井・朝倉軍やそれに与《くみ》する村人に、厳しい姿勢で臨んでいたことが分かる。連歌を能くした文化人・光秀を知る人には、到底想像できない姿である。

九月十二日の夜明け、信長の命により光秀らは比叡山を焼き打ちする。これは、前年の浅井・朝倉軍との戦いである「志賀の陣」において、比叡山が山上に両軍の在陣を許したというのが直接の理由だった。しかし、近江において庄園制に基づく収入を得ようとする比叡山と、それを打破し新たな税システムを構築しようとする信長の対決は必至で、結局このような最悪の事態を招いた。

攻撃は麓の坂本の町から行なわれ、八王寺山に登った人々を悉《ことごと》く攻めたて、僧侶はもとより児童も容赦なく切り捨てたと言う。女性や児童、それに高僧について、周辺の者が助命したにも関わらず、信長は許すことはなく、その光景は『信長公記』すらも「目も当

日本一の長さを誇る坂本ケーブルは昭和２年（1927）に施設。門前町坂本と世界文化遺産比叡山延暦寺の表参道として、「縁号」「福号」が人気

1400年絶えることなく輝き続けている根本中堂の法灯

ケーブル沿線には、紀貫之の歌碑や焼き討ちで亡くなった人々の冥福を祈る地蔵様の姿を見ることができる

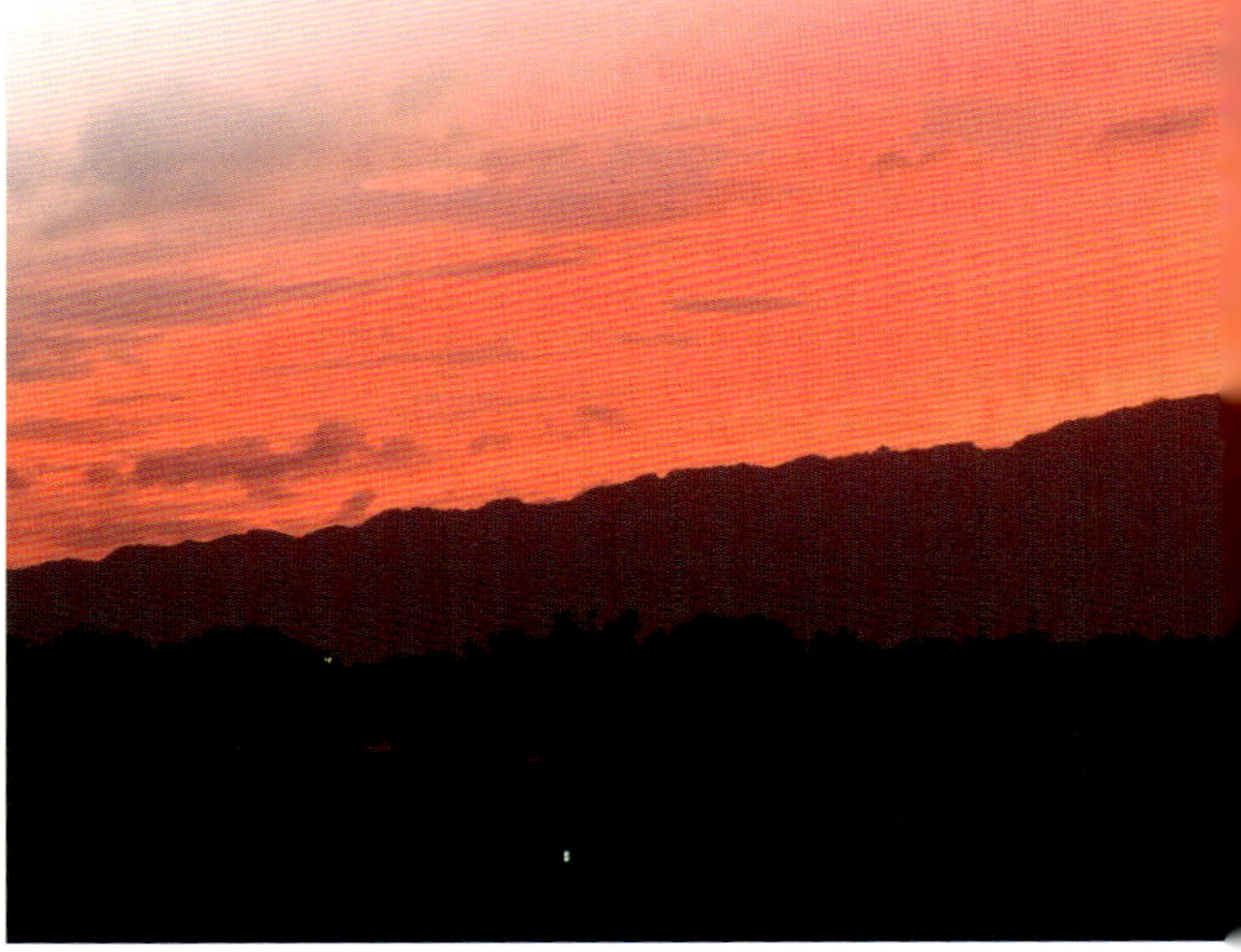

比叡山

てられぬ有様」と評する程であった。この焼き打ちによって、比叡山の根本中堂《こんぽんちゅうどう》をはじめ、三塔（東塔《とうとう》・西塔《さいとう》・横川《よかわ》）に散在した四千五百の堂舎はすべて灰塵《かいじん》に帰し、老若男女を合わせた犠牲者は三千人に及んだと言う。

この惨劇には、光秀の他、木下秀吉・丹羽長秀・柴田勝家など信長の精鋭部隊三万が参加したとされるが、『信長公記』はこの記事の最後に、比叡山がある滋賀郡を光秀に与え、さらに坂本に居城させたと記している。浅井氏が滅亡した時、その旧領を秀吉に与えたと同記が記すように、殲滅《せんめつ》した相手の所領は、最もその戦いで功労があった人物に与えることが、信長のやり方であった。滋賀郡と比叡山の門前町・坂本が光秀に与えられた事実は、この戦いで最も功績があった武将が光秀であったことを示している。すなわち、光秀は比叡山焼き打ちの主将であった。それが、本人の意識か、信長の逆らえない命なのかは、今となっては判然としない。しかし、光秀の本意でないとすれば、「本能寺の変」の遠い伏線の一つと考えることができるのではないか。

安土城空撮。手前が城下町、安土山の上の田畑は昭和になって干拓されているが、かつては内湖が広がっていた

天下布武 織田家中で初の城持大名へ

松下　浩

光秀と織田信長

光秀が信長に仕えることになった時期やきっかけについては、詳しいことは明らかではない。ただ、足利義昭が上洛への支援を求めて諸国の大名に連絡を取る中、信長がその要請に応えることになるが、その後義昭と信長との仲介を果たした義昭側近の中に光秀がいたようである。

ともかく、義昭の上洛をめぐる信長との交渉の中で、光秀は信長と接触を持ち、信長に仕えることになったようである。ただし、そのことによって、足利義昭との主従関係が消滅したわけではなく、義昭と信長の両方に従う両属関係にあったようである。

永禄十一年（一五六八）十月、信長は足利義昭を伴って上洛を果たす。この時、上洛に同行したメンバーの中に光秀がいたかどうかは資料では確認できない。しかし、義昭と信長の両者に属するという光秀の立場を考えると、上洛に同行した可能性は高い。

上洛後、光秀は織田政権の京都支配を担うこととなる。それは、光秀が義昭にも従って

明智光秀画像　本徳寺蔵　画像提供：安土城考古博物館

織田信長画像　浄厳院蔵　画像提供：安土城考古博物館

おり、義昭の征夷大将軍補任によって再興された室町幕府の一員でもあったことに基づくものと思われる。従来、京都支配を担ってきた室町幕府の実務役人を光秀は配下に従え、彼らの持つ知識や実績を活用して京都支配を実現させていったのである。

この頃、織田信長のもとで京都支配を担当していたのは、光秀の他に、羽柴秀吉や村井貞勝など複数の信長家臣たちである。彼らの連署による京都支配関係の古文書が残されている。上洛直後の信長は、京都における政治基盤をいまだ確立できていない段階であり、臨時政権として緊急避難的に京都支配を行うほかなく、そうした中で既存の政治勢力であった旧室町幕府の役人たちに頼らざるを得ない面があったのも確かであろう。しかし、室町幕府の再興を目指して上洛を果たした信長にとっては、幕府が京都支配を担うのは当然のことであり、あくまで信長の家臣の役割は補助的なものに過ぎない。そうした中にあって、義昭と信長に両属する光秀は、幕府と信長とをつなぐ貴重な人材であった。その意味で、光秀が京都支配において重要な位置を占めていたことは間違いない。

姉川古戦場の空撮（『歩いて知る 浅井氏の興亡』より転載）

姉川古戦場跡の慰霊碑

元亀争乱と光秀

実務役人として京都支配を担っていた光秀であるが、信長のもとで、織田軍団の武将として数々の戦いで武功をあげている。中でも、織田信長と近江の諸勢力が戦った元亀争乱では光秀は数々の戦いに参加し、その功績により近江国滋賀郡を拝領し、坂本城を築いて、信長の家臣の中では最初に城持ち大名となっている。元亀争乱での光秀の戦いについて見ていこう。

元亀元年（一五七〇）四月、浅井氏の離反にはじまる元亀争乱は、近江全土を戦場として戦いが繰り広げられたが、その主戦場の一つが坂本であった。坂本は比叡山延暦寺の門前としてさかえた町であり、中世から商業の重要拠点であった。

元亀元年九月、大坂本願寺が反信長の蜂起をしたことに対して信長は大坂に向けて出陣する。その隙を突いて浅井・朝倉勢が湖西を南下し、京都に入った。

信長も急きょ取って返し、京を出て湖西に逃れた浅井・朝倉勢を追う。浅井・朝倉勢は

宇佐山城跡主郭部の石垣
元亀元年頃に織田信長が上洛をもくろむ浅井・朝倉連合軍への対抗と延暦寺の監視のために、森可成《よしなり》に命じて築城したといわれている。また延暦寺焼き討ち後、滋賀郡に入った明智光秀は坂本城が完成するまで居城にしていたという（『近江城郭探訪』より）

宇佐山城跡から琵琶湖を望む

聖衆来迎寺の森可成（蘭丸の父）の供養塔

比叡山に籠り、信長は山麓の坂本に布陣し、両軍はこう着状態におちいった。世にいう志賀の陣である。

この一連の戦いの中で、宇佐山城を守っていた信長の家臣森可成が討ち死にする。宇佐山城は湖西路が京都に入る口を押える要衝である。光秀は、討ち死にした可成にかわって宇佐山城を守ることになった。

翌元亀二年（一五七一）九月、前年に浅井・朝倉勢を山中に立て籠もらせた比叡山延暦寺を信長は焼き討ちする。この焼き討ちで功績をあげた光秀は滋賀郡を与えられ、坂本に居城を築いた。『信長公記』巻四には、「去て志賀郡明智十兵衛に下され、坂本に在地候なり。」と記されている。織田家中では初めての城持ち大名の誕生である。

湖岸沿いに整備された坂本城址公園

坂本城本丸跡（推定地）の碑

坂本築城

志賀郡を与えられた光秀は、坂本に居城を築く。『兼見卿記』元亀三年（一五七二）閏正月六日条に「明十坂本において普請なり、見廻りのため下向しおわんぬ」と記されており、光秀は、志賀郡を与えられてほどなく築城を開始したようである。その後、『兼見卿記』元亀四年（一五七六）六月二十八日条には「明智十兵衛見廻りのため坂本に下向せしめ、果李の文台、東門三十、持参しおわんぬ、天主の下に小座敷を立て、移徙の折節、下向祝着の由機嫌なり、」と記されており、この年天主に移ったことがわかる。約二年半で城の中枢は完成したことになる。坂本城はその後、天正十年（一五八二）六月、本能寺の変の後、光秀が山崎の合戦で羽柴秀吉に敗れると、城に籠もっていた光秀の妻子一族とともに焼失した。新たに坂本城主となった丹羽長秀が城を再興し、その後杉原家次、浅野長吉と秀吉子飼いの武将が城主となるが、天正十四年（一五八六）、大津城築城に伴い廃城となった。

平成７年（1995）に坂本城址公園近くの湖畔に建てられた明智光秀の像

東南寺境内の供養地蔵

坂本城の本丸があったと伝わる東南寺。毎年８月に天台座主の登竜門とされる戸津説法が行われる

平成６年（1994）の異常渇水で姿を現した坂本城跡の湖中石垣
（提供：滋賀県教育委員会）

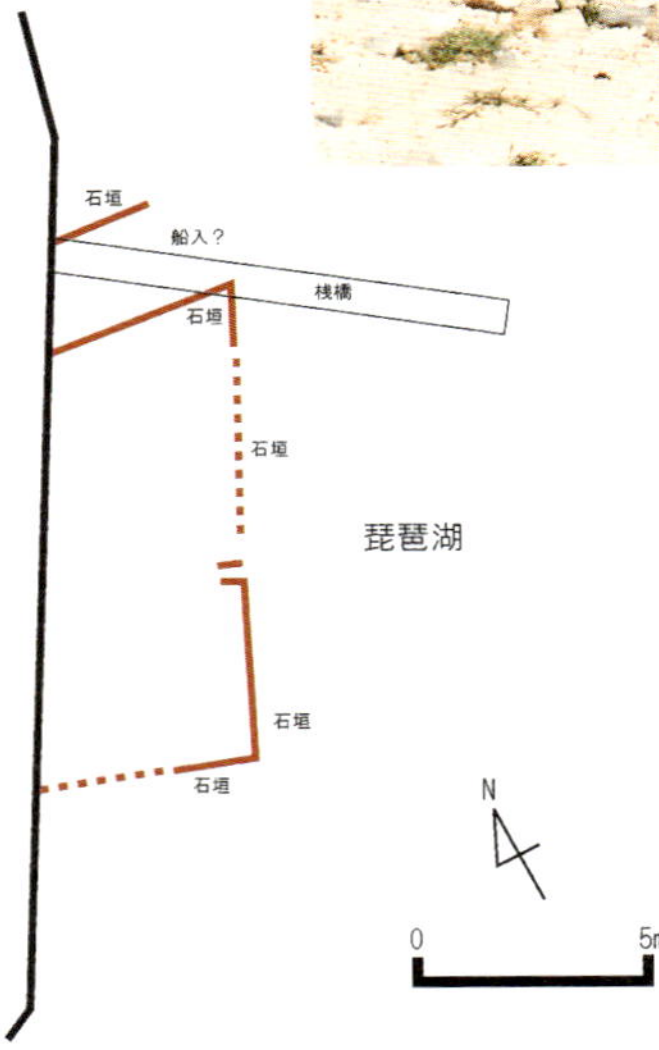

坂本城跡湖中石垣模式図

坂本城の構造

このように坂本城の歴史は、築城開始より数えて十五年と短く、残された記録もそれほど多くない。また、現在、坂本城の痕跡は湖中に残る石垣しか見ることができず、市街地となっているため、大規模な発掘調査が行えないことから、明確な坂本城の遺構もほとんど確認されていない。正確な位置すらわからないのが現状である。

坂本城の位置については、『近江輿地志略』に「東坂本古城趾　今の東南寺《とうなんじ》、今津堂の地是なり。」と記されており、近世の地誌では現在の東南寺付近に城が築かれていたと認識されていたようである。また、『天王寺屋会記』天正六年（一五七八）正月十一日に堺の茶人津田宗及が坂本城の茶会に招かれた際の記事が記されているが、そこには「会過テ、御座船ヲ城ノ内ヨリ乗候て、安土へ参申候、」とあり、城内より船で琵琶湖へ乗り出し、安土へ向かったことがわかる。このことからは、坂本城が琵琶湖岸に築かれ、湖を縄張に取り込んだ水城であったことがうかがえる。

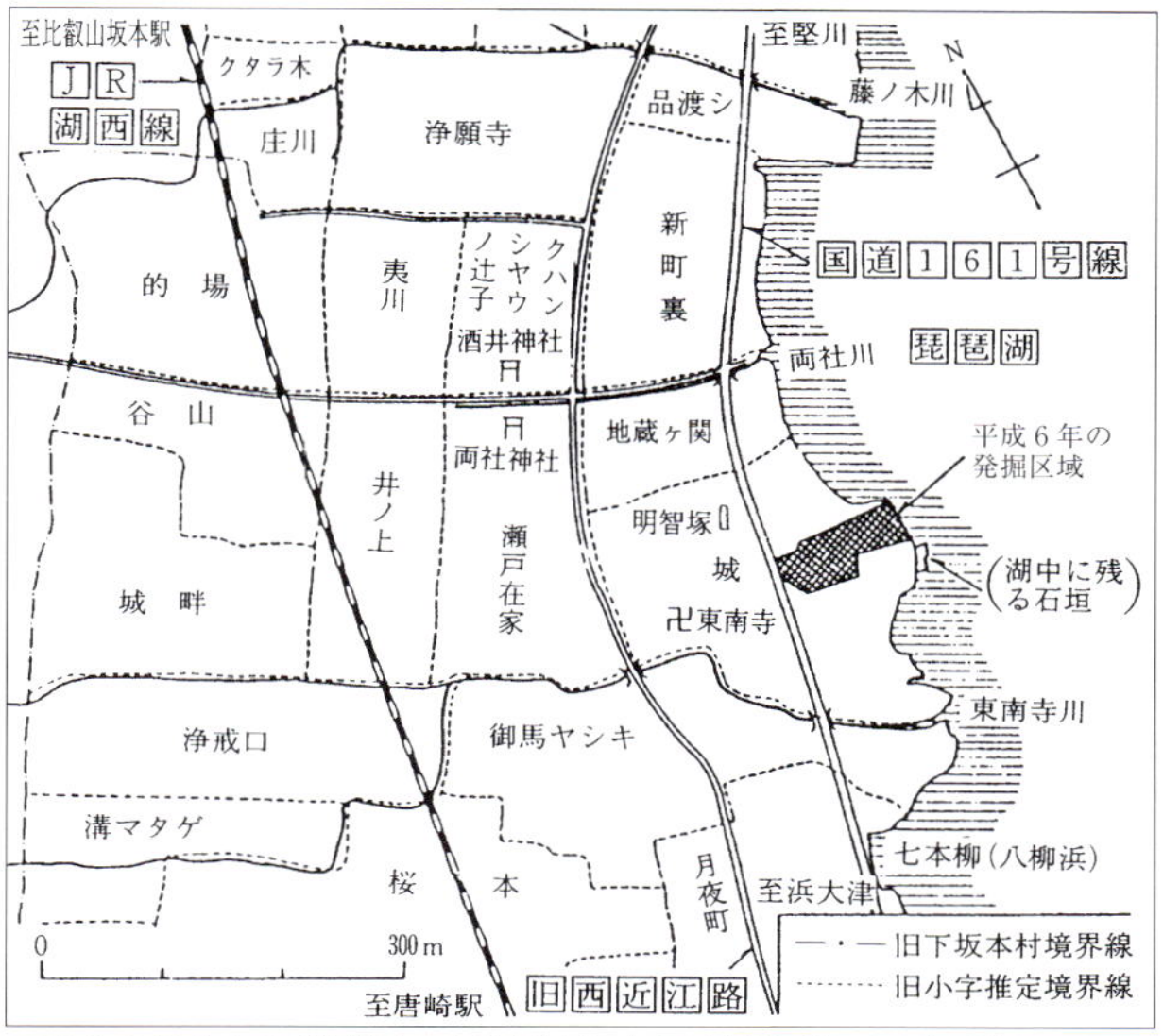

下阪本の旧小字名（『戦国の大津』（大津市歴史博物館）より転載）

坂本城跡湖中の石垣

坂本城跡主郭部付近

また、先に紹介した『兼見卿記』の記述からは、「天主」があったことがうかがえるが、さらに『兼見卿記』には、「惟任日向守為礼坂本へ被下、御祓・百疋持参、面会、於小天主有茶湯・夕飡之儀、」と記されており、「小天主」と呼ばれる建物があったことがわかることから、大小の天主が並ぶ連立式の天主であった可能性が高い。

坂本城跡の発掘調査では、調査対象地が住宅街であるため、限られた面積しか調査ができず、明確な坂本城の遺構は検出されていない。わずかに、坂本城の中心部分と考えられる字「城」の周辺部分で実施された発掘調査で、石垣や石組溝、礎石建物、井戸などが検出されているのが主だった成果である。また、この付近からは瓦の出土が見られるが、他の調査区では見られないことから、ここにだけ瓦葺きの建物があったことがわかる。こうした特別な建物は、城の中心建物と考えられ、おそらくは天主であった可能性が高い。

平成六年（一九九四）、記録的な猛暑とそれに伴う渇水により、琵琶湖の水位が観測史上最大のマイナス一二三センチメートルを記録するに至った。この結果、普段は湖中に沈んでおり、水位が下がったときだけ水面に頭

平成21年（2009）の解体修理で坂本城の城門であったことが確認された聖衆来迎寺の表門

近江の正倉院といわれる滋賀県指定文化財の聖衆来迎寺本堂

あざやかな色彩の本堂の欄間

を出していた湖中の石垣が姿を現したため、湖中石垣の保存を目的に、急きょ発掘調査が行われた。その結果、七面の石垣、石段一個所、三列の杭列が発見された。石垣は、基礎の一石のみであったが、いずれも石の下に胴木が敷かれており、湖中の軟弱地盤の上に築かれた石垣が、沈下しないような工夫がこらされていた。

湖中石垣は、湖岸より東方、琵琶湖に向かってのびるものが五列、湖岸と平行に南北方向に築かれたものが二列発見された。東西方向の石垣は北から、築石の面が南、北、南、北、南を向いており、石垣で挟まれた水路が琵琶湖から陸地にむかってのびていた様子がうかがえる。特に一番北の二面の石垣は、その間隔がおよそ四メートルと広く、単なる水路ではなく、船入の可能性も考えられる。

南北方向の石垣は築石面が東側を向いており、南北方向の石垣とで湖に突き出した郭を形成しているものと思われる。文献資料から推測された、琵琶湖を縄張に取り込んだ水城としての坂本城の姿を具体的に示す発掘調査成果として注目される。

また、坂本城の建物については、本能寺の変の後焼失したとされていたが、平成二十一

坂本城の城門との伝承を持つ西教寺の総門

聖徳太子創建との伝承のある天台真盛宗総本山の西教寺本堂（重要文化財）

身代わりの猿伝承によって随所に猿の彫り物が見られる西教寺の屋根

年（二〇〇九）にはじまる聖衆来迎寺《しょうじゅらいごうじ》表門の解体修理の結果、この表門が坂本城の城門であった可能性が指摘された。解体修理の結果、親柱に渡した冠木《かぶき》の上面にホゾ穴や板をはめていた溝が確認され、また冠木の両端が切断されていたのが明らかとなったのである。これらのことから、この表門は、もとは現在の門より幅が広く、門の上に櫓《やぐら》がのる櫓門《やぐらもん》であったものを移築の際、現在の薬医門《やくいもん》に改造したことが明らかとなった。また、柱などの古い部材を加工したカンナの痕の特徴から、使用された道具が一六世紀後半に広く用いられていたものであったことが確認された。このように、部材の年代観、櫓門という城門に用いられていた門形式であったこと、坂本城と聖衆来迎寺との地理的な関係から、聖衆来迎寺の表門が坂本城の城門を移したものであったと結論づけられたのである。また、同じ坂本にある明智光秀にゆかりの深い西教寺の総門も坂本城の遺構であるとの伝承を持つ。伝承を裏付ける確証は得られていないが、西教寺と光秀との深い関係からこうした伝承が生じた可能性はあろう。

宇佐山城主から坂本城築城へ

坂本のまちは日吉大社の門前町として栄え、比叡山で修業を積んだ僧侶が隠居後の生活を営む里坊が多く、静かなたたずまいをみせている。穴太衆積みの石垣が続く街並みは重要伝統的建造物群保存地区に指定され、光秀の足跡が多く残る。
（里坊の見学にはご配慮ください）

■穴太衆積みの石垣が続く坂本のまち

坂本に居住地をおく石工集団が積んだ石垣を穴太衆積みといい、安土城をはじめ城郭や寺院の石垣に多く見られる。大小の自然石を加工せず堅牢に組む。滋賀院門跡の石組みはとりわけ見事で、坂本地区は平成９年（1997）に国の重要建造物群保存地区の指定を受ける。

■大津市坂本へのアクセス

【電車で】東海道新幹線京都駅からＪＲ琵琶湖線山科駅から京阪電車浜大津行に乗りかえ　石坂戦に乗換京阪坂本下車

【車で】名神大津ICから国道１６１号から先IC

問　坂本観光協会　大津市坂本６-１-13

京阪電車坂本駅からすぐ（徒歩）

☎０７７-５７８-６５６５

■西教寺

聖徳太子が創建し、真盛が再興した天台真盛宗総本山。明智光秀一族の菩提寺。毎年６月14日には光秀忌が行われる。

大津市坂本５-13-1　☎077-578-0013　Ⓟ90台（大型可）

■坂本城址公園

比叡山焼き討ち後、信長に滋賀郡支配を任された明智光秀は湖畔に城を築いたが13年後には廃城となった。国道161号沿いに城址公園として整備され光秀像がたつ。

大津市下坂本3-1

☎077-528-2772（びわ湖大津観光協会）

■聖衆来迎寺
森蘭丸の父、可成の墓があることで信長の焼討の難を逃れた。毎年８月16日の虫干会では寺宝が展覧可。
大津市比叡辻2-4-17　☎077-578-0222

■日吉大社
例祭の山王祭は湖国三大祭のひとつで、１カ月半の長期にわたるが中心は４月12 ～ 14日。13日夜の「宵宮落とし」は勇壮。
大津市坂本5-1-1　☎077-578-0009　P20台

■浮御堂（満月寺）
恵心僧都が湖上安全を祈願して建立。
大津市本堅田1-16-18　☎077-572-0455　P30台

■滋賀院門跡
狩野派の障壁画も多く宸殿の縁側から庭園が鑑賞できる。
大津市坂本４-6-1　400円
☎077-578-0130　P20台

■公人屋敷
比叡山の僧侶が年貢徴収などの事務を行った屋敷跡を保存公開。
大津市坂本６-27-10　☎077-578-6455

■大津市歴史博物館
大津市ゆかりの文化財や史料を保存展示。街道土産の大津絵も人気。
大津市御陵町2-2　☎077-521-2100
P70台（大型可）

■雄琴温泉
京・大津の奥座敷として知られる単純温泉。神経痛・筋肉痛・関節痛などの効能がある。湖西線雄琴駅から送迎あり。

☎077-578-3750（おごと温泉観光公園）

■園城寺（三井寺）
天台寺門宗総本山。天智・天武・持統天皇の産湯に用いられた井戸があることから通称「三井寺」という。
大津市園城寺町246　☎077-522-2238
P300台（有料、大型可）

■日本仏教の発祥地「比叡山延暦寺」
最澄が延暦４年（785）に比叡山に草庵を結んだ延暦寺は、法然・親鸞・栄西・道元・日蓮らが修行し、日本仏教の発祥地とされる。参拝にはシャトルバスの利用が便利。
大津市坂本町4220　☎077-578-0001

安土山と手前に広がる城下町、左に琵琶湖の内湖「西の湖」、安土城は琵琶湖に直結していた（提供：滋賀県教育委員会）

安土築城

天正四年（一五七六）正月、織田信長は天下布武の居城として安土城の築城を開始する。安土山は、琵琶湖の東岸に位置する標高一九九メートルの低い山であり、現在は干拓で山の周囲が耕地化されているが、かつては山の周囲は内湖《ないこ》で囲まれていた。安土城は、この安土山の全山に石垣を積んで築かれた総石垣づくりの城であり、山裾からは内湖と接続する船入状の遺構が発掘調査で発見されるなど、湖を縄張に取り込んだ水城であった。

安土築城の前年天正三年（一五七五）は、信長の周辺で大きな動きがあった年であった。五月には長篠の合戦で、当時最大のライバルであった甲斐の武田氏をうち破り、この戦いで主力武将の多くを失った武田氏は大きく力を失う。また、八月には越前一向一揆を殲滅し、十月には本願寺と講和を結んでいる。元亀元年（一五七〇）にはじまり、天正八年（一五八〇）の最終講和まで十年に及んだ大坂本願寺との戦いは、信長にとってもっとも長期にわたった戦いである。しかも大坂の本願寺

安土城下・常楽寺港の舟入跡

安土城跡出土の金箔瓦
（提供：滋賀県教育委員会）
金箔瓦の使用は信長直系一族にのみ許されたという

のみならず、諸国の一向一揆との戦いも激しく、特に伊勢長島と越前は、もっとも激しく信長と戦った一揆であった。天正二年（一五七四）の伊勢長島に続いて、越前の一揆勢を滅ぼしたことで、信長の支配領域における一向一揆勢力は沈静化した。本願寺とも講和を結んだことで、本願寺との戦いもひとまず収まったのである。さらに、十一月には家督を嫡男信忠に譲っている。とはいえ、信長は隠居して第一線を退いたわけではなく、尾張美濃を領国とする戦国大名織田家の家督を信忠に譲ったにすぎず、自身は戦国大名の地位を超えた天下人としての立場を明確にするための家督譲渡と考えられる。

築城の具体的な様子について、詳細は不明であるが、『信長公記』には「尾・濃・勢・三・越州、若州、畿内の諸侍、京都・奈良・堺の大工・諸職人等召よせられ、」と書かれており、安土築城にあたって信長は、尾張・美濃・伊勢・三河・越前・若狭・畿内と、自身が掌握する支配領域全域から人夫・職人を徴発し、工事にあたらせていることがうかがえる。安土城は全山総石垣造りの城であり、その土木工事量は相当なものと考えられるが、天正七年（一五七九）に天主が完成して信長

安土城、直線の大手道の復元整備状況（提供：滋賀県教育委員会、協力：摠見寺）

が移り住んでおり、その頃には少なくとも城の主郭部は完成していたと考えられることから、築城開始からわずか三年で城の中枢部が建物も含めて完成したことになり、大量の労働力が投入されたことが想定される。

また、大工の棟梁を務めた熱田の宮大工岡部又右衛門をはじめとして、襖絵を描いた狩野永徳や、金具飾りを制作した後藤平四郎やたい阿弥など、当代随一の職人たちが安土城の築城に動員されている。このように安土城は、城郭という単なる軍事施設の枠組みを超えた、当時の文化の粋を集めた文化的モニュメントでもあったのである。

天正七年（一五七九）五月に天主が完成し、信長が移り住んだ後、天正十年（一五八二）六月、本能寺の変の後、明智光秀が入城している。光秀が、中国攻めからとって返した羽柴秀吉と洛西山崎で戦い敗れた後は、織田信孝、羽柴秀吉、織田信雄、信長の嫡孫三法師などが相次いで安土に入城している。安土入城を果たすことで、自身が信長の後継者であることをアピールしているのである。最終的に、天正十三年（一五八五）、小牧長久手の合戦後の近江国割の中で、安土城は廃城となり、かわって八幡山城が築かれた。小牧長久

天主に向かう大手道を調査結果に基づき推測して作られた安土城のVR（内藤昌© 提供：近江八幡市）

手の合戦は、羽柴秀吉が織田家中から自立して天下人としての地位を独自に築き始める契機となった戦いであり、信長の天下を象徴する安土城の存在価値がこの時点で消滅したため、廃城となったのである。

安土城の構造

安土城といえば城郭史上はじめて出現した高層の天主に注目が集まっていたが、その城域は安土山全体に広がっており、城郭研究の進展とともに、その全体構造にも目が注がれるようになった。特に、平成元年（一九八九）から滋賀県教育委員会により実施された特別史跡安土城跡の発掘調査で、城内各所からこれまで知られていなかった遺構が発見されたことで、安土城の全体構造の解明と、それを踏まえての安土城の評価が進められてきている。

平成の発掘調査で発見された遺構の中でも特筆すべきは直線の大手道である。本来、城郭の道は目的地になかなかたどりつけないように、折り曲げたり、迂廻させたりするのが

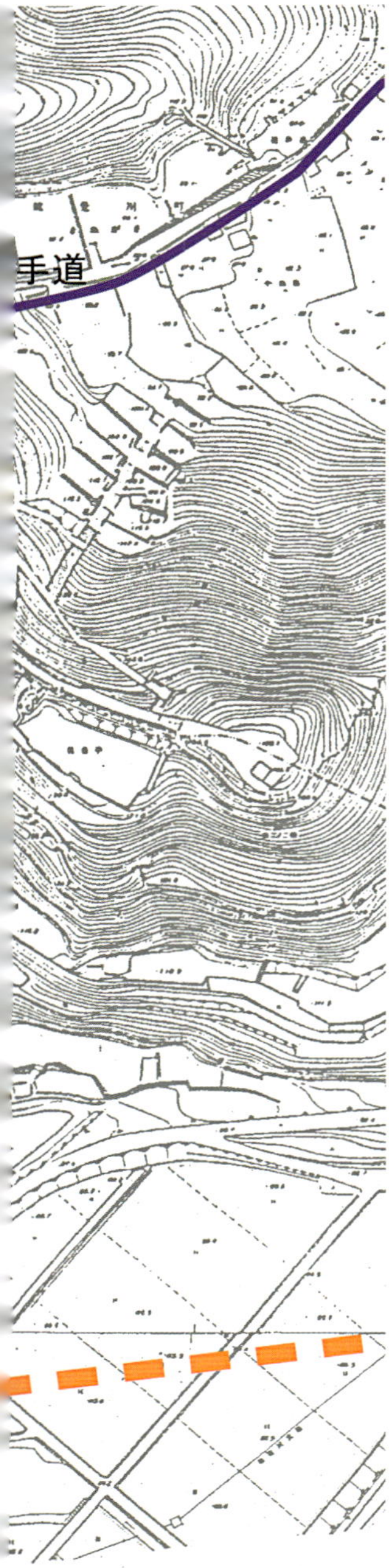

安土城天主台の石組（協力：摠見寺）

安土城大手周辺の複数の虎口（提供：滋賀県教育委員会　協力：摠見寺）

定石であるが、安土城の大手道は、大手門推定地から約一八〇メートル、石段の麓からでも約一〇八メートル直線で進むことが明らかとなったのである。城郭のセオリーを逸脱したこの道の評価については、様々な議論があるが、信長が計画していた安土行幸のための道である可能性があり、築城当時の大手道の発見は、安土城を評価するにあたって鍵を握る重要な遺構の発見となっている。

このほか、大手口からは推定大手門と合わせて合計四つの虎口が見つかっており、しかもそれが一直線上に並ぶという、これも城郭のセオリーを逸脱した構造となっている。この複数の虎口についても安土行幸との関連性が指摘されているが、いずれにせよ、安土城は、単に軍事施設としての城郭が発展したというだけではなく、他に特殊な用途・目的を持った独自の意義を持つ城郭ということができる。

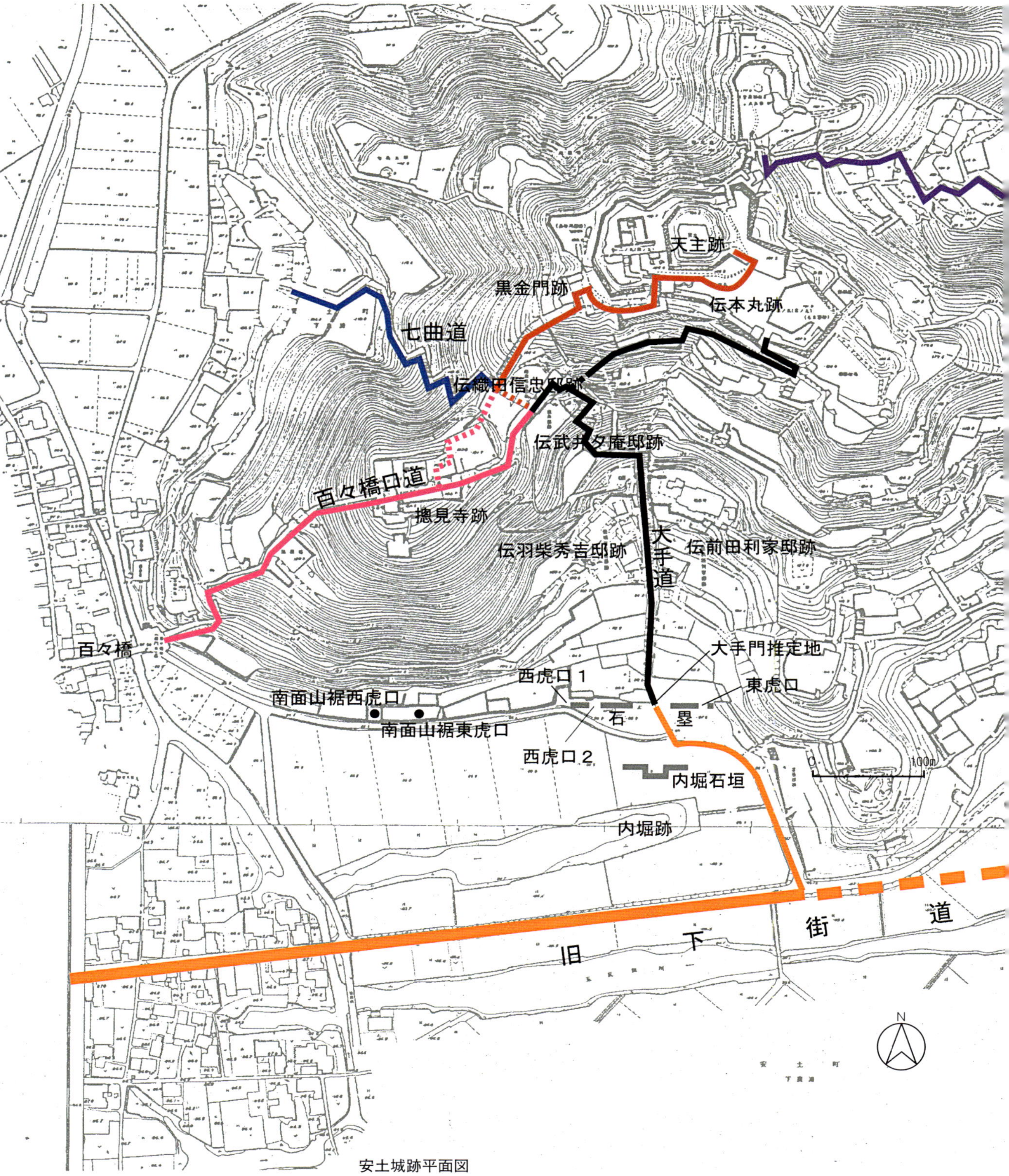
天主跡
黒金門跡
伝本丸跡
七曲道
伝織田信忠邸跡
伝武井夕庵邸跡
百々橋口道
摠見寺跡
伝羽柴秀吉邸跡
大手道
伝前田利家邸跡
百々橋
大手門推定地
西虎口１
東虎口
南面山裾西虎口
南面山裾東虎口
石
塁
西虎口２
内堀石垣
内堀跡
旧
下
街
道
0
100m
N

安土城跡平面図

天下人の城　安土城

安土城は、その歴史から見ても、構造から見ても、戦国大名の拠点城郭の発展上に理解できるものではなく、大きな質的転換を踏まえなければ理解出来ない城郭である。その場合に手がかりとなるのは、築城当時の信長を取り巻く政治的な状況である。先に述べたように、安土築城前に家督を嫡子信忠に譲り、戦国大名としての地位を離れた信長は、その上意に立つ天下人としての立場を明確にしたと考えられる。

天下人とは何か。中世において天下とは京都周辺を意味し、天下人とは室町将軍のことを指す。そしてその役割は天下静謐《せいひつ》、すなわち京都周辺の平安を維持することであり、天下の中心には天皇が位置しているのである。信長は、永禄十一年（一五六八）に足利義昭を伴って上洛を果たし、義昭を将軍位に付けた。天下人としての足利義昭の誕生である。しかし、義昭に天下静謐を実現するだけの力は無く、信長に頼らざるを得ない。信長は、義昭から天下静謐の任務を委ねられていたの

安土城郭資料館展示の20分の１の模型で再現された安土城天主（内藤昌復元©）

信長の一周忌に羽柴秀吉が伝二の丸に建てたと伝えられる信長廟（協力：摠見寺）

安土城天主付近の石垣（協力：摠見寺）

である。その意味で信長と義昭は互いの存在を必要とする関係にあったといえるが、元亀四年（一五七三）義昭が信長と袂を分かち、京都を離れてからも、信長は自身の行動の大義として天下静謐の実現を掲げ続ける。しかし、天下人義昭の存在無くしてその名分を維持することは難しく、自らが天下人となる必要があったのである。天正三年（一五七五）十一月に信長は権大納言兼右近衛大将に補任されるが、右近衛大将は常設の武官の最高位であり、信長が天皇の守護者としての地位についたことを意味する。この結果信長は名実ともに天下人の地位を獲得したこととなり、それを受けて安土築城が始められたのである。つまり、安土城は天下人信長の存在を広く世の中にアピールするための装置であり、だからこそ、総石垣作りの上に高くそびえ立つ天主という、それまでにはなかった新しいスタイルの城郭が築かれたのである。

天下人としての地位を獲得した
信長の城「安土城」

周囲を湖で囲まれた安土山の全山に石垣を積んで築いた総石垣づくりの安土城。山裾からは内湖と接続する舟入り跡の遺構が発見され湖を縄張りに取り組んだ水城であった。

周囲に西の湖、大中の湖や中世からの集落があり、それを踏襲した城下町建設がすすめられた。安土城下町は水のまちでもあり、そこかしこに新しいまちづくり国づくりを目指した信長の息吹が感じられる。

■安土城跡へのアクセス
【電車で】JR琵琶湖線安土駅から徒歩25分
【車で】名神竜王ICから20分または彦根ICから40分
問 安土町観光協会　滋賀県近江八幡市小中700
☎0748-46-7049　http://www.azuchi-shiga.com

■滋賀県立安土城考古博物館
安土城と織田信長に関する資料と、豊かな近江の考古学研究のメッカとして、人気が集まる博物館。企画展示や公開講座に人気が高い。
近江八幡市安土町下豊浦6678
☎0748-46-2424

■安土城跡（協力：摠見寺）
信長が３年の歳月をかけて完成した安土城は、城郭史始まって以来の５層７重の天主を持つとされ、絢爛豪華な城郭と伝わる。その痕跡を20年の年月をかけて調査が行われ、その成果が一部整備されている。
近江八幡市安土町下豊浦
☎0748-46-4234（安土駅前観光案内所）
Ｐ150台

■文芸の郷・安土城天主信長の館
（内藤昌 復元、近江八幡市蔵）
セビリア万博で日本館のメインとして出展された安土城天主の最上部５・６階部分を旧安土町が譲り受け展示。安土城に関する資料はほとんど残っていないが、金箔瓦や金箔で飾られた鯱の壮麗な姿はヨーロッパまで伝えられたとされる。
近江八幡市安土町桑実寺800
☎0748-46-6512

■沙沙貴神社

5柱を祀る由緒ある古社で近江源氏佐々木氏の氏神として栄えた。佐々木氏の家紋の「四ツ目」が神紋として棟に刻まれている。

近江八幡市安土町常楽寺1

☎0748-46-3564

■観音寺城跡と観音正寺

山城として日本一の規模を誇る近江源氏佐々木六角氏の居城で、中腹には西国33所霊場32番札所の観音正寺がある。

（写真は観音正寺）

近江八幡市安土町石寺

☎0748-46-4234（安土駅前観光案内所）

■桑實寺

白鳳6年（691）天智天皇の勅願で創建。初代定恵和尚が唐から桑の実を持ち帰り養蚕を始めたことからこの名がついた。

近江八幡市安土町桑実寺675

☎0748-46-2560

■浄厳院

六角氏の菩提寺であった慈恩寺旧地に安土城築城とともに信長が近江・伊勢の浄土宗総本山として創建。

近江八幡市安土町常楽寺744（要予約）

☎0748-46-2242

■安土城郭資料館

中世の安土に関する資料を展示。幻の安土城を20分の1のスケールで再現した模型は圧巻。安土城屏風陶板壁画もぜひ鑑賞してほしい。

JR安土駅前　☎0748-46-5616

あづち信長まつり

例年6月第一日曜日に開催、活津彦根神社を出発し信長らに扮した武者行列が最大の見もの。百々橋からは復活した手こぎ和舟でセミナリオに向かう。特産物などを販売する「あづち楽市」をはじめ多彩な催事。問 あづち信長まつり協議会　☎0748-46-2346

渇水時に姿を見せる長浜城跡の太閤井戸

安土城内大手道（協力：摠見寺）

信長の城郭政策

元亀二年（一五七一）の坂本築城にはじまり、信長は近江国内の要所に次々と城郭を築かせた。天正二年（一五七四）には浅井氏を滅ぼした後、その領地であった湖北三郡を羽柴秀吉に与え、秀吉は居城として長浜城を築いている。天正四年（一五七六）には天下人信長の居城として安土城を築き、天正六年（一五七八）には湖西高島郡を甥の織田信澄に与え、勝野の地に大溝城を築かせている。

信長時代に近江国内の要所に築かれたこれらの城郭は、湖岸に位置していること、しかも琵琶湖と直接つながっており、縄張に湖が取り込まれた水城であったこと、主要な街道にも近い場所に築かれていたこと、また石垣づくりで天守があり、建物に瓦が葺かれていたことなど、共通点が多く、信長の強い意志が働いていたことがうかがえる。さらにこれら四つの城は、琵琶湖の東西南北にほぼ等間隔に配置され、水陸両方の交通を掌握し、琵琶湖を面的に支配するものとして、琵琶湖城郭ネットワークと呼ばれている。

四城のうち最初に築かれた坂本城は、琵琶湖南岸の中世以来の流通拠点坂本に築かれた。坂本は比叡山の山麓から琵琶湖岸にかけて広がる延暦寺の門前町である。山手の上坂本には延暦寺の里坊や、山麓に位置する日吉社の神人屋敷など、宗教的な空間が広がっているのに対し、湖岸の下坂本には湖岸にそって北国街道が通り、街道周辺に土倉や問丸など商人や金融業者・運輸業者の屋敷が広がる経済的な空間が広がっていた。北国街道は琵琶湖の西岸を北陸に向かう街道であり、坂本は陸上交通の拠点の一つだったのである。また湖

高島市大溝城跡

坂本城址近くの坂本城址公園の光秀像

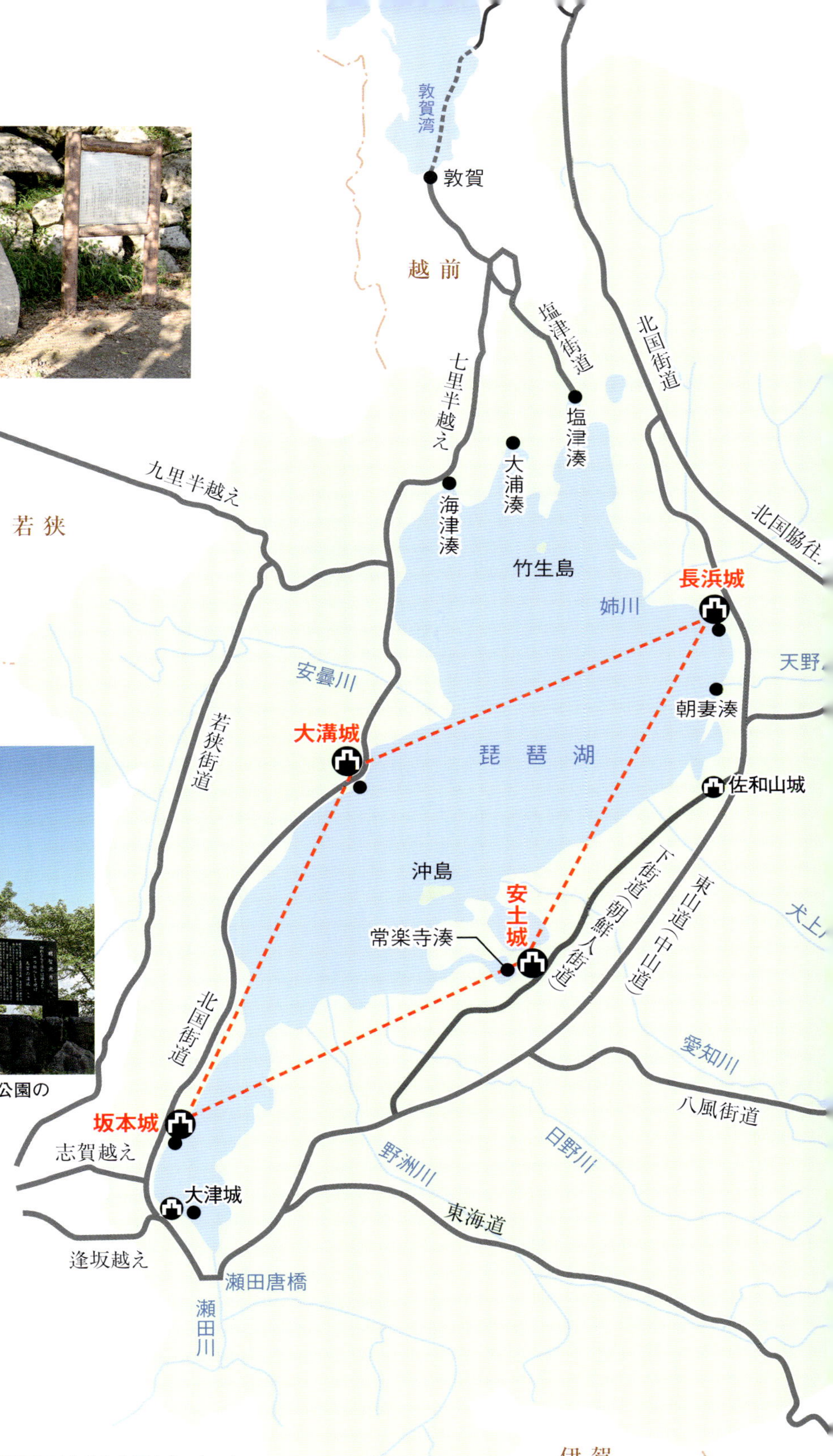

近江の主要城郭配置図（中井均作図を基に加工）

岸には志津・戸津・今津といった湊が存在し、琵琶湖流通の拠点でもあった。光秀が坂本城を築いたのは湖岸の下阪本の地であり、水陸両方の交通の要衝であった坂本の機能を拠点城郭に取り込もうという意図がうかがえる。ただ、坂本城が築かれた元亀二年（一五七一）は信長と近江の諸勢力が戦った元亀争乱のまっただ中であり、光秀が坂本の水運の担い手に期待したのは、流通の担い手としてよりもまずは水軍としてであった。実際、元亀争乱の中で坂本の水軍が、湖西や湖北の浦々を攻撃するときに動員されている。坂本築城の主眼は、延暦寺焼き討ち後の戦後処理であり、元亀争乱の中で水軍を利用するという軍事目的であった。琵琶湖城郭ネットワークが目的とする経済面での利用は元亀争乱が終結した天正元年（一五七三）以降のことと考えるべきであろう。

坂本城址の碑、奥に東南寺が見える

羽柴秀吉が築いた長浜城は、中世には「今浜」と呼ばれた地に築かれた。天正元年（一五七三）に浅井氏を滅ぼした功績によって秀吉は小谷《おだに》城を与えられたが、新たな居城として今浜に城を築いたのである。秀吉は、長浜城と城下町を建設するにあたって既存の集落を利用するのではなく、新たに造成を施して全く新規に町を作り出した。その際、小谷城下町から町ぐるみ移転させていたようで、長浜城下と小谷城下には共通する町名が見られる。

長浜城もまた湖岸に築かれ、湖を縄張に取り込んでいる。長浜城は元和元年（一六一五）に、城主であった内藤信成が摂津高槻城に移封されるにともない廃城となったため、現在、城の遺構はほとんど確認できない。しかし、近世の古絵図には、天守をはじめとした城の中枢部が湖岸に築かれ、内堀と二重の外堀が武家屋敷を取り巻き、その外側に町人町が広がる様子が描かれている。また、発掘調査で湖岸に向かってのびる石垣が検出されており、現在その石垣ののびる方向が、地上に矢印で表示されている。建物はまったく存在しないが、彦根城の天秤櫓は、長浜城の大手門を移築したものと『井伊年譜』に記され

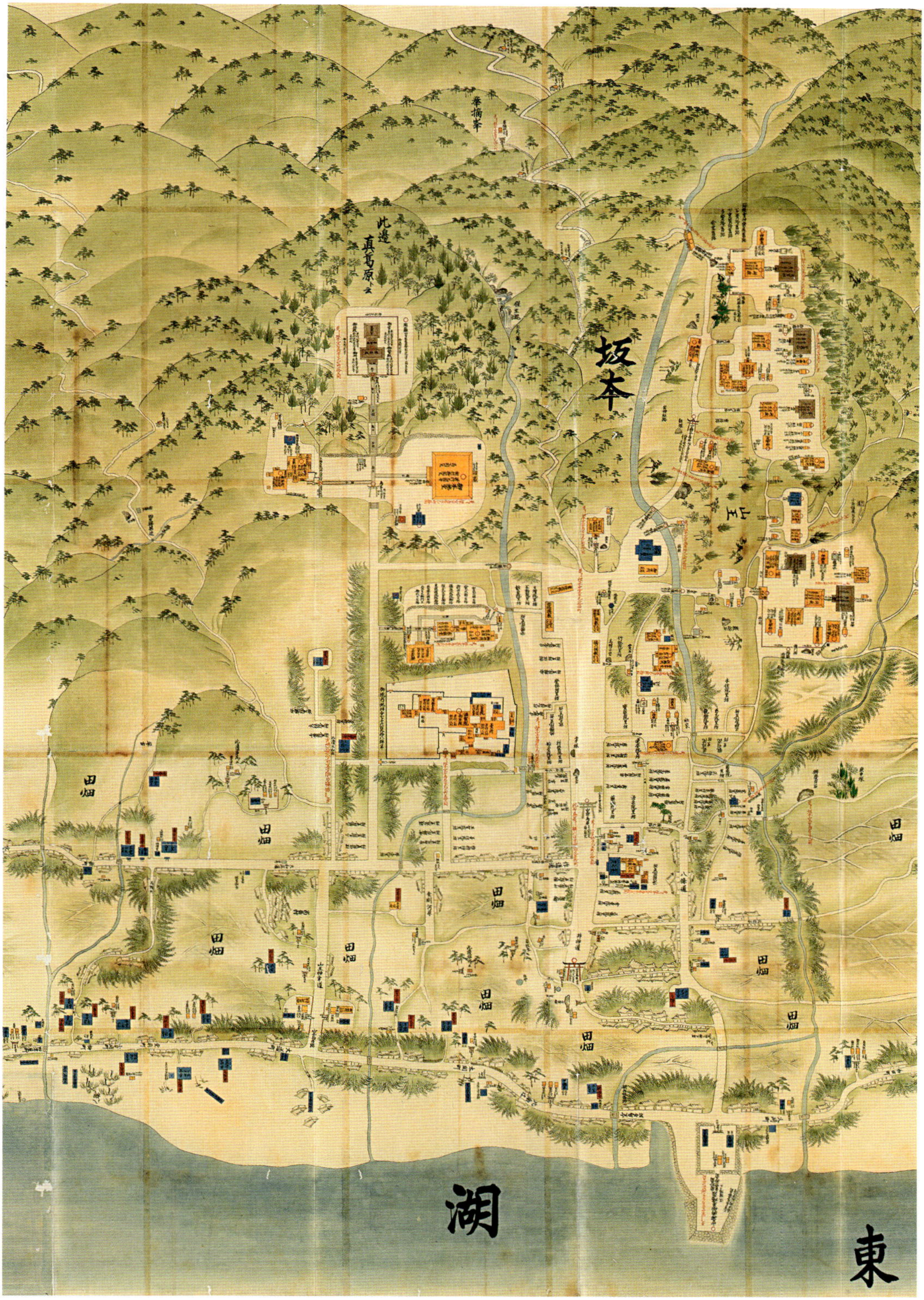

山門三塔坂本惣絵図（国立公文書館内閣文庫蔵）
山上の延暦寺と山麓の坂本を描いた「山門三塔坂本惣絵図」のうち山麓部分。右部分が日吉社、中央が東照宮、その下が滋賀院門跡。湖岸の西近江路（北国街道）に沿ってまちなみが続き、坂本城は左下あたりにあった。

長浜城天守台跡

長浜城跡石垣表示

長浜城跡外堀跡

令和元年８月に新たに発見された秀吉時代の長浜城石垣

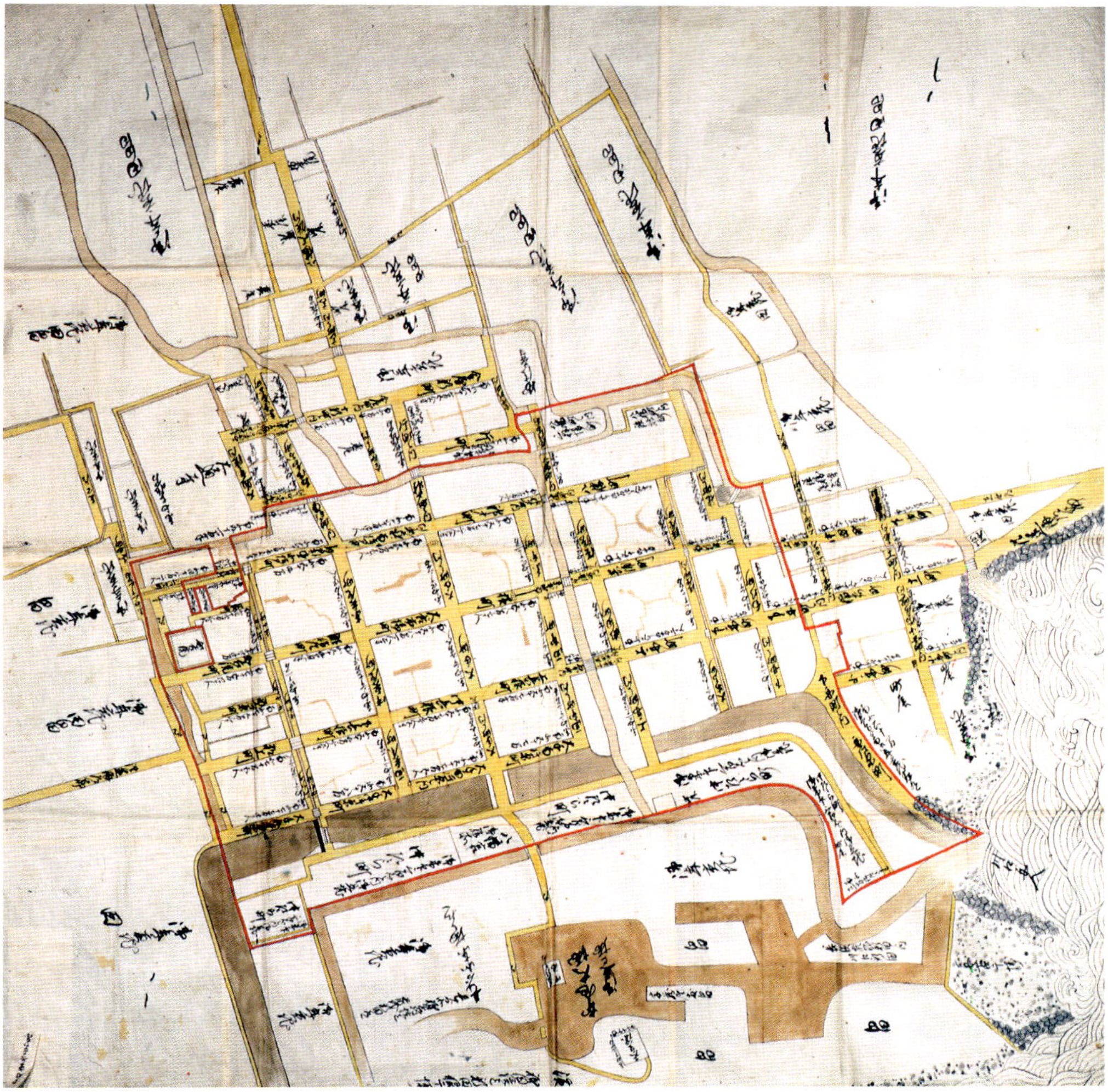

長浜町絵図（個人蔵、提供：長浜城歴史博物館）

ている。

城下町は東西南北に整然とした街路が形成され、後に築かれた安土城下町と比較しても町割の完成度は高い。それは前身集落である今浜が、秀吉による城下町建設を規制するほどの発達を遂げておらず、新規の町割を施すことができたためであろう。

安土城は琵琶湖が内陸に入り込んだ内湖の側にそびえる安土山に築かれた。安土山の周囲は東に伊庭《いば》内湖、西に安土内湖と西の湖が広がり、その北側には大中の湖が広がっていた。城下町が建設された近江八幡市安土町下豊浦周辺は、中世には薬師寺領豊浦庄があった場所で、城下町建設以前から集落が広がっていた。安土城下町の建設にあたって、この前身集落の地割を踏襲して町割が行われている。また、城下町西部の常楽寺地区は中世から港町として繁栄した集落であった。常楽寺港は西の湖を通じて琵琶湖とつながっており、中近世を通じて湖東地域の重要な港の一つであった。

大溝城は、湖西の内湖の一つである乙女ヶ池のほとりに築かれた。浅井氏の家臣である磯野員昌が、元亀二年（一五七一）に自身が守っていた佐和山城を開城して信長に従うこ

大溝城下の舟入跡

大溝城天守台跡

ととなり、湖西の新庄城に移されていた。しかし、天正六年（一五七八）に突如逐電し、その跡を信長の甥信澄が継承し、居城を湖岸の大溝に築いたのである。信澄は明智光秀の娘を妻としており、大溝城の築城にあたって光秀の指南があったともいわれている。当時来日していた宣教師ルイス・フロイスは、光秀が築城の巧者であると記しているが、湖岸に築かれ、湖を縄張に取り込んだ構造は坂本城とも共通するものであり、光秀の関与はまったく否定されるべきことでもないだろう。

大溝城の遺構は、天守台の石垣が現存するものの、城は本能寺の変の後解体され、天正十三年（一五八五）築城の水口《みなくち》岡山城に移築されたとされ、現地に目立った遺構は残されていない。近世に作成された、大溝城周辺の様子を描いた古絵図によると、城をめぐる堀は乙女ヶ池に接続し、琵琶湖とつながっていた様子がうかがえる。最近、高島市教育委員会が実施した発掘調査では、本丸跡と二の丸跡を結ぶ土橋が検出され、古絵図に描かれた遺構が確認された。本丸周辺の調査でも古絵図と同様の遺構が確認されており、古絵図に描かれた景観が大溝城時代のものと大きな変化がなかったことが確実となった。

大溝城付近　千石組絵図　承応41年（1655）頃の写し（打下区蔵、提供：高島市教育委員会）

このように、信長時代に近江に築かれた四つの拠点城郭は、いずれも湖岸に築かれており、信長が築城にあたって琵琶湖を重視していた様子がうかがえる。琵琶湖は、日本の中央に位置し、北では今津・海津から小浜《おばま》・敦賀を経て日本海へとつながり、南は八風《はっぷう》街道を経て伊勢湾につながる。日本海流通と伊勢湾流通が琵琶湖を媒介としてつながっているのである。また、西は大津・坂本から京都へとつながり、湖東の港は東国へとつながっている。琵琶湖は東西の交通を結びつける結節点でもあったのである。このように、琵琶湖を支配することは全国流通を支配することにもつながる。そして歴史上はじめてそれを成し遂げたのが信長だったのである。中世近江を支配した近江守護佐々木六角氏は、琵琶湖の湖上勢力と個別に関係を取り結び、琵琶湖の水運を利用していたが、琵琶湖を面的に掌握するにはいたっていない。信長は、元亀争乱を経て近江を掌握したが、その結果琵琶湖の面的支配が可能となり、湖岸への築城によりそれを実現させたのである。

西教寺境内の明智光秀一族の墓所

光秀と西教寺

西教寺は、天台真盛宗の総本山であり、聖徳太子草創との伝承を持つ古刹である。平安時代には慈恵大師良源《りょうげん》が草庵を結び、恵心《えしん》僧都《そうず》源信《げんしん》が伽藍を建立したともいわれている。その後いったん寺勢は衰退するものの、文明十五年（一四八三）に真盛上人が入寺し、精力的に諸国をめぐり、西教寺の再興を成し遂げる。以後、不断念仏の総本山として全国に数多くの末寺を有する大寺院となった。戦国期には六角氏も西教寺を保護しており、近江守護からも一目置かれる有力寺院であったことがうかがえる。

元亀二年（一五七一）の信長による比叡山焼き討ちの際は、西教寺も破壊されたが、元亀四年（一五七三）に明智光秀が西教寺に討ち死にした家臣の供養米を寄進していることからすると、それほど大きな被害はなかったものと思われる。天正二年（一五七四）、本堂が再建されるが、再興にあたっては滋賀郡を支配していた明智光秀が力を尽くしたとされる。

光秀と西教寺との関係は深く、多くの光秀関連の遺品が伝えられている。光秀が寄進したとされる梵鐘は坂本城の陣鐘だったと伝えられ、寺の総門もまた坂本城の遺構と伝えられている。元亀四年（一五七三）の供養米寄進状は、同年二月の今堅田の戦いで討ち死にした家臣を供養するためのもので、家臣一八名の名前と討ち死にした命日を記し、一人あたり一斗二升の供養米を寄進している。討ち死にした家臣の中には「中間　甚四郎」と書かれた者もおり、身分の上下に関わりなく、同じ石高の供養米を寄進しているところに光秀の家臣に対する思いやりが感じられる。

また、境内には光秀はじめ、明智一族の墓が建っており、その中には光秀の妻煕子の墓もある。光秀の一族は、山崎の合戦の敗戦後、坂本城で自害したといわれており、煕子もその時に亡くなったとするのが通説であるが、寺伝では天正四年（一五七六）に亡くなったとされている。『兼見卿記』には光秀の妻が病気にかかり、兼見がそれを見舞ったことが記されているが、あるいはこの時の病気が原因なのかもしれない。

光秀の妻「熙子」を読んだ芭蕉句碑

月さびよ　明智が妻の咄《はなし》せむ

平成元年（1989）に発足した、「明智光秀公顕彰会」は毎年、光秀の命日にあたる6月14日に西教寺で明智一族および光秀の妻熙子の墓前で法要が務められる。境内には光秀の辞世の句や妻木藤右衛門の供養塔などが散見できる。

そしてひそやかな熙子の墓所の前に、芭蕉没後300年記念として建立された

　月さびよ　明智が妻の　咄せむ

の句碑がみえる。『明智光秀の妻熙子』や『湖影　明智光秀とその妻・熙子』を著した作家の中島道子さんが揮毫している。

中島さんは顕彰会の発足を西教寺の中島眞瑞さんにもちかけた人でもあり顕彰会副会長を務める。彼女は『明智光秀の妻熙子』の前書きで、「比較的近年まで、光秀は逆臣、叛将とのみ言われてきたにもかかわらず、封建体制下の江戸時代にあって、光秀の妻を顕彰したのは、まさに自由人芭蕉その人であった。

芭蕉は、牢人中の光秀を支えた熙子の献身ぶりを滞在した又玄宅でその妻がかいがいしく立ち振る舞うことを重ねたという。まさに熙子の人柄を著したものといえよう。」と記す。

熙子を詠んだ芭蕉句碑、芭蕉没後300年の平成6年（1994）に建立。

光秀の妻、熙子の墓所

阿弥陀如来坐像(重要文化財)
国宝の本堂での光秀忌法要。本堂正面のご本尊の丈六の阿弥陀様は、荒廃した寺の再建に奔走した真源上人が、甲賀浄福寺から鰐口(重要文化財)とともに譲り受けたと伝わる。定朝の流れを汲み平安時代末頃に作られたものとされる。近江には西教寺のほか6体の巨像阿弥陀如来像が知られる。

光秀の菩提所
天台真盛宗総本山
「西教寺」

西教寺は、ひたすら念仏を唱えることで救いを求めることができるという真盛上人の教えの不断念仏の道場で、静寂のなか不断念仏の鉦の音色が響いている。

光秀は比叡山焼き討ちで荒廃した西教寺の復興に尽力し仮本堂が建設された。その後、桃山御殿といわれる客殿(重要文化財)は、大谷刑部が檀徒となった縁で伏見城の一部が移築されたともいわれ、書院建築の中に仏間を持つ客殿として滋賀県下では最も古く、襖絵など見るべきものが多い。紙面ではその一部を紹介する。

梵鐘（重要文化財）
平安時代の特色があり、全国的にも貴重な一例とされ、重要文化財の指定を受ける。西教寺では坂本城の陣鐘ともいわれ、かつては本堂東の鐘楼に吊られていたが、現在は保管され鐘楼には新たな鐘がかかる（提供：大津市歴史博物館）

鰐口（重要文化財）
鰐口は本来寺院の本堂などにつるされた金属製楽器の一種でその表面を関係者が打ち鳴らしたものである。西教寺の鰐口は比較的大形で在銘から滋賀県下で最も古く、鎌倉時代の特色を見せている（提供：大津市歴史博物館）

真盛上人画像
天台真盛宗開祖の黒衣の御影。この肖像画は元亀２年の焼き討ちの際に略奪されたが、天正３年（1575）に無事西教寺に戻ったことが真源上人の裏書きに記されており、天台真盛宗にとっては、真盛上人木像とともに貴重な宗宝である（提供：大津市歴史博物館）

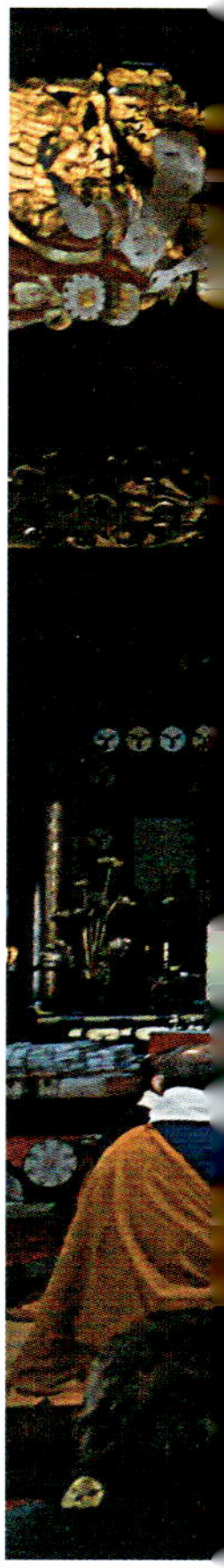

天正年中明智公所造古木（西教寺蔵）

西教寺本坊庫裏の棟木に使用されていた古木。焼き討ち後に坂本城の陣屋を移築したといわれ、古木は明智光秀が寄進した庫裏の一部だとされる。

明智左馬之助所用の鮫皮張り鞍《くら》・鐙《あぶみ》（西教寺蔵）

「湖水わたり」の伝説で知られる光秀の女婿・左馬之助が使用したと伝わる馬具。

高台にある西教寺からは琵琶湖東岸の景色が素晴らしく、麒麟の彫り物がある唐門がまるで額縁となって碧い琵琶湖が眼前に広がる

客殿「花鳥の間」の障壁画（提供：滋賀県立近代美術館）

桃山御殿といわれる客殿の襖絵や杉戸には見事な障壁が描かれている。猿を神聖化している西教寺ではあるが、近年はその被害から障壁画を守るために除き窓風のしつらえで広縁からそれぞれの障壁画を拝見するように工夫されていて、東側に並ぶ部屋は、花鳥の間・賢人の間・猿侯の間・鶴の間と並んでいる。写真は花鳥の間の図。襖絵の筆者は明らかではないが、17世紀初頭から中頃、狩野一門の手になると考えられている。

◆西教寺と猿

本堂外陣に2対の木像が安置されており、西側の木像は猿の常念仏姿である。これは真盛上人との深いかかわりを表し、「手白の猿が西教寺を救った」という逸話にちなんで猿を守り神としている。

その話というのは、次のようなものである。

時は明応2年（1493）、坂本で徳政令の発布を要求する一揆が起こり、多くの死傷者や負傷者が出た。この時西教寺の僧たちは死体を一か所に集め、真盛上人は回向し葬ったのだが、この一揆の首謀者が真盛上人だと、比叡山の僧兵が西教寺に押しかけてきた。その時、寺には人影はなく、本堂から鉦の音だけが聞こえてきた。押し入った僧兵が本堂に入ると、手が白い猿が真盛上人の代わりに鉦をたたいていたという。これを見た僧兵たちは「不断念仏の教えは猿にまで徹底されている」とばかりに驚き真盛上人の化導ぶりを目にした僧兵は下山していったという。

比叡山に生息する猿と真盛上人の不断念仏の結びつきを物語っている。

明智光秀の生涯

坂本城主としての光秀

太田　浩司

竹生島
琵琶湖の北部に浮かぶ周囲2キロ余りの小島。中世以来、西国三十三所観音霊場として多くの参詣者でにぎわってきた。琵琶湖八景のひとつにも数えられている。

宝厳寺弁天堂（長浜市）

湖西の浅井勢力の掃討

坂本城主となった光秀は、その後も湖西の浅井氏勢力と激しく戦うことになる。これらの戦いを見ていこう。『信長公記』により、元亀三年（一五七二）三月十一日には、和邇《わに》（大津市和邇周辺）に本陣をおいた信長の命により、木戸（大津市木戸）や田中（高島市安曇川町田中）を、光秀が攻撃したことが知られる。この時は、信長の家臣である中川重政・丹羽長秀も行動を共にした。

同年七月二十四日、信長は木下秀吉や丹羽長秀らに命じて、浅井氏の拠点・小谷城近くの山岳寺院・大吉寺（長浜市野瀬町）を攻撃させる。ここでは、比叡山と同様、住僧はもちろん、この山に逃げ込んだ多くの農民が殺害される惨事が起きている。さらに、打下《うちおろし》（高島市勝野）の林与次左衛門、堅田の猪飼《いかい》甚介・馬場孫次郎・居初《いそめ》又二郎、瀬田城主だった山岡景隆の弟・玉林と共に、光秀は竹生島を攻撃した。「囲船《かこいぶね》」と呼ばれる戦艦を仕立て、海津・塩津と湖岸を砲撃、さらに上陸して余呉湖まで至り攻撃を繰り返した。そ

豊臣秀頼が豊国廟を移築して改修した都久夫須磨神社本殿（国宝）。内部には狩野永徳または光信筆と伝わる襖絵や絵天井をはじめ、高台寺絵巻の柱・長押などが燦然と輝き桃山文化の枠が結集されている

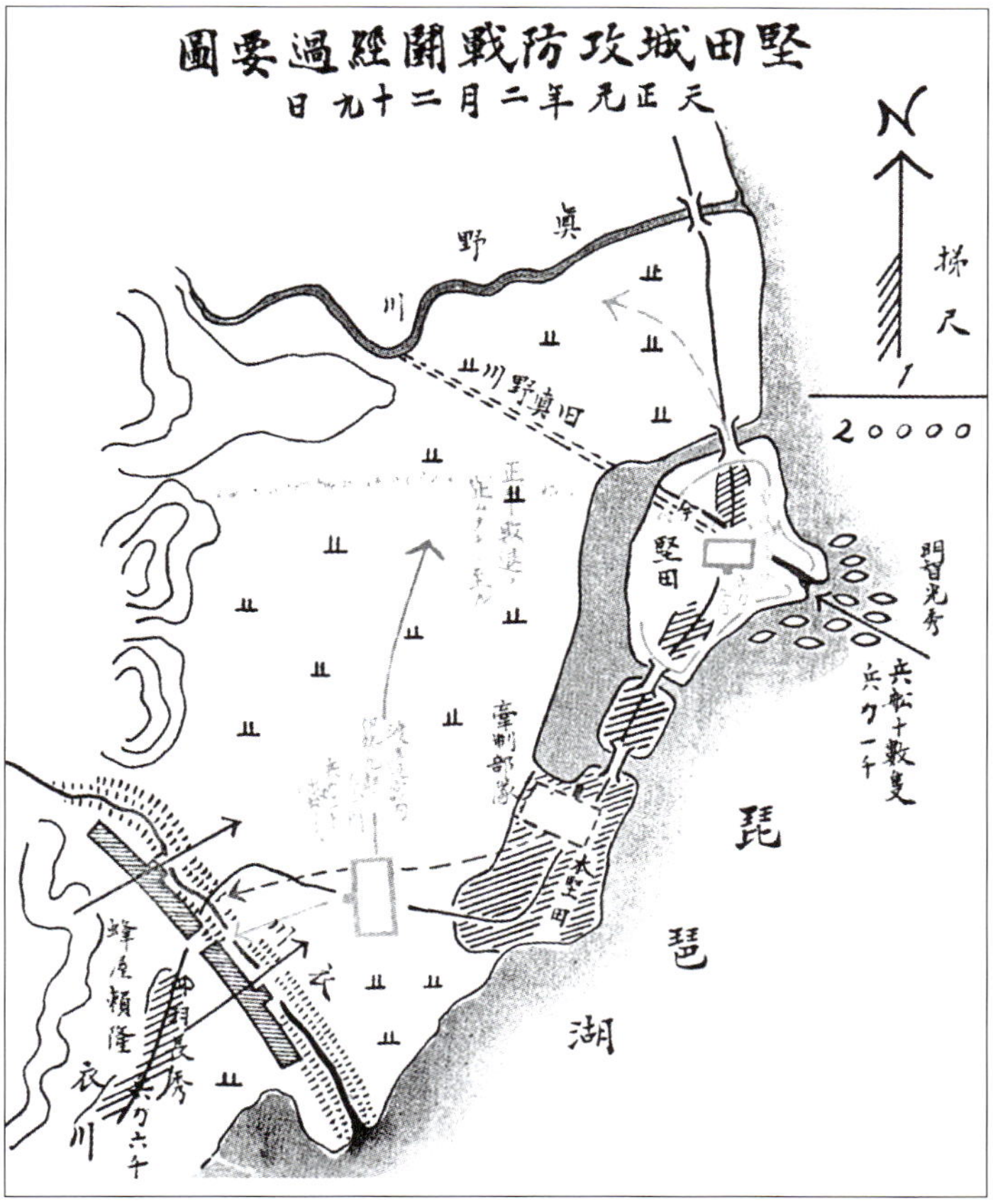

堅田城攻防戦闘経過要図（大津市提供）

して、竹生島に船を近づけ、大砲・大筒（大鉄砲）・鉄砲を使って攻め立てたという。この結果、竹生島は灰塵《かいじん》に帰し、その完全な復興は豊臣秀頼による豊国廟《ほうこくびょう》からの堂舎移築を待たざるを得なかった。

翌年の元亀四年（一五七三）二月二十九日には、今堅田へ総攻撃をかけている。光秀が「囲船」を使って琵琶湖から陸に向かって攻撃したのに対し、丹羽長秀・蜂屋頼隆は、南東から北西に向かって攻め入ったという。『信長公記』の方向の書き方からして、丹羽や蜂屋の軍勢は、光秀とは違って陸地を進軍したものと見られる。光秀が琵琶湖舟運を完全に掌握し、信長家臣団の中でも琵琶湖水上軍の指揮者として戦いに臨

信長が建造したという大船を安土城考古博物館が復元。実際琵琶湖では活躍することはほとんどなかったとされる（提供：安土城考古博物館）

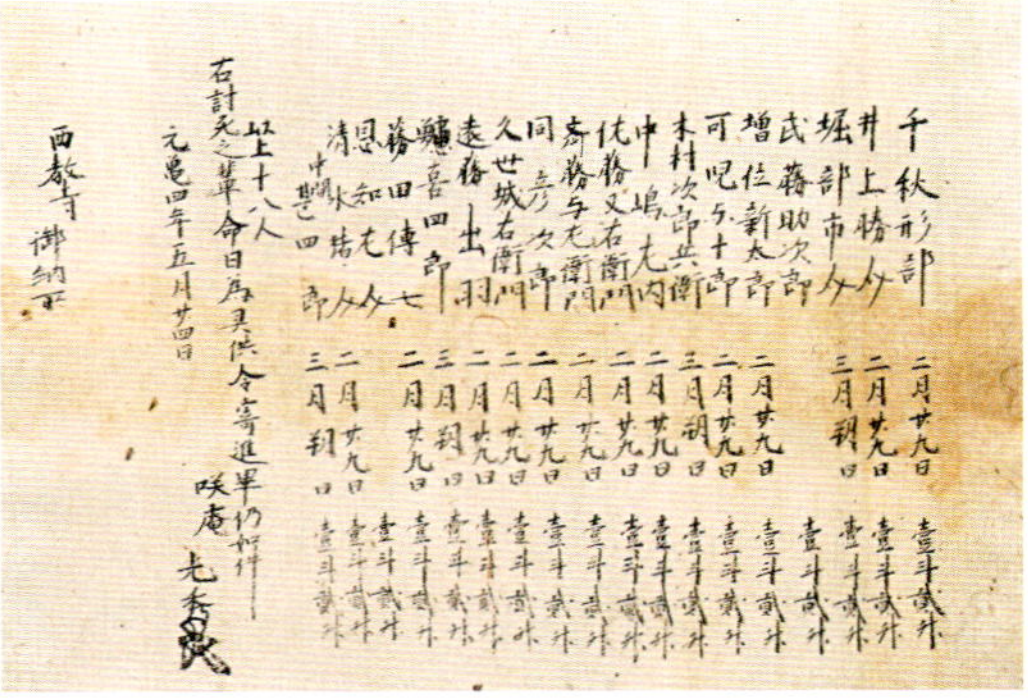

西教寺宛の光秀の供養米寄進状
（西教寺蔵）

んでいたことが、先の竹生島攻撃からも伺い知られる。光秀の水上軍は、正午に上陸作戦に成功、敵方を切り捨て今堅田を制圧したとされる。

　この合戦から三ヶ月ほどたった五月二十四日、光秀は討死した家臣十八人の慰霊のため、西教寺に米の寄進をおこなっている（西教寺文書）。その戦死日は二月二十九日（十二人）か三月一日（四人）であり（二人は不明）、二月の今堅田攻撃にともなう犠牲者と考えられる。この合戦により、滋賀郡は信長方に帰参したと『信長公記』は記すが、多くの家臣を犠牲にした激しい戦闘が繰り広げられたと推察できる。

　同年七月二十六日には、五月から佐和山城の麓で信長が建造させた船長三十間（約五十四メートル）の「大船」に乗った信長直臣衆が、昨年に引き続き木戸・田中の両城を攻撃した。この結果、落城した木戸・田中両城が光秀に預けられているので、この戦いにおいても、光秀の働きは大だったと考えるべきであろう。

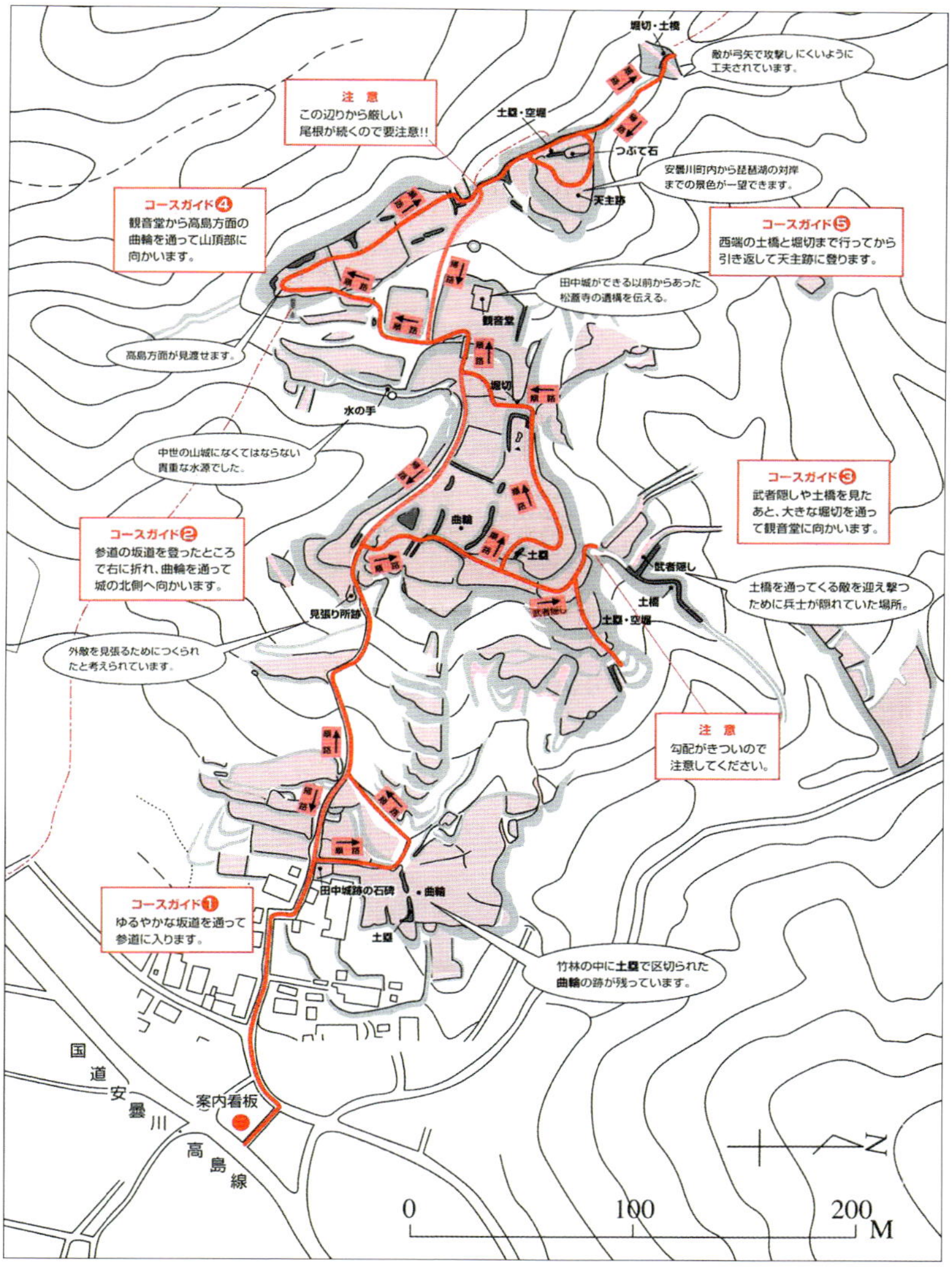

田中城跡ガイドマップ（高島市）から転載

田中城の構造

高島市安曇川町田中にあり、元亀四年七月に信長が光秀に預けたという田中城は、如何なる構造の城であったのだろうか。田中城は安曇川町田中のなか、上寺《うえでら》集落の背後（西）、標高二百メートル前後の山上にある「上の城」と呼ばれる城郭に相当すると考えられる。この城は、『近江輿地志略』などによると、近江守護佐々木氏の一族で高島七頭の一家であった田中氏の居城であったとする。田中の下ノ城集落には田中氏館があり、これは「下の城」と呼ばれた。なお、この田中氏の末裔《まつえい》が、秀吉家臣で三河岡崎城主や筑後柳川城主となった田中吉政とする説明も多いが、吉政の出身地は浅井郡三川または宮部（長浜市三川町・宮部町）であり、湖西高島の佐々木一族とは無関係と考えるべきだろう。

遺構は上寺集落の西方に東西百五十メートル、南北百四十メートルにわたって、台地上に設けられた十六の削平地からなるA群と、そのA群の南へ合流するように北西から延びて来た支尾根上に造られた、長さ二百メート

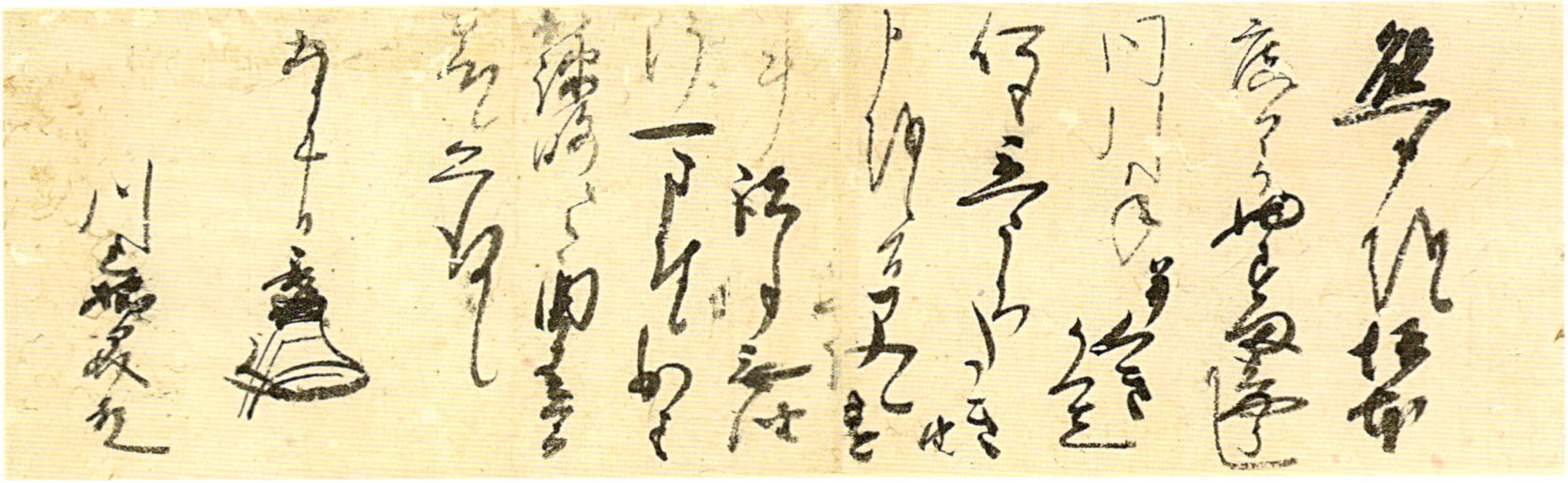

９月10日付明智秀満の書状（藤井文書　撮影：東京大学史料編纂所）

にわたる五つの削平地のB群より構成される。A群の西端には現在も観音堂が建っているが、この地を中心に削平地が東と南に見られ、寺院跡を城郭に改変したものと判断される。『近江輿地志略』に記す、十六世紀中ごろの戦国時代に廃寺となったと伝える松蓋寺《しょうがいじ》（高顕寺普門院）の跡地を、城郭として転用したものであろう。B群は標高二百二十一メートルの最高所の主郭から、南に郭《くるわ》（削平地）を連ねるが、主郭北には堀切《ほりきり》、南には竪堀《たてぼり》、随所に土塁が見られ、主郭の北西隅の高台には投石して武器とする礫《つぶて》を集積した場所がある。B群は寺院跡を城郭として改変する時、追加された部分と考えられる。

新発見の明智秀満文書

　一方、光秀が信長から与えられた坂本城の普請は、田中城を光秀が預けられる前の元亀三年（一五七二）の初めには始められており、翌年の夏にはほぼ完成していた。大天主と小天主を備える構造であったこと、城内に湖を取り入れた水城であったこと、さらに発掘調査の成果や湖中石垣の存在、大津市内に残る建築遺構については、本誌の松下浩氏の記述に詳しい。ひとつ追加すれば、後の話になるが天正三年（一五七五）五月十四日、上洛していた島津家久一行は坂本城でもてなされ、三畳敷の部屋がある座敷船で琵琶湖遊覧を行なっている。家久は城内の見学も行なったが、城の薪などの貯えが十分であったと舌を巻いている（中務大輔家久公御上京日記）。この話からも、坂本城が琵琶湖と直結した城郭であったこと、その堅固な守りが知られる。また、イエズス会宣教師のルイス・フロイスもその著書『日本史』の中で、その豪壮華麗なことは、信長の安土城に次ぐもので、その名は天下にとどろいていたと記している。

　さらに、最近発見された光秀の娘婿にあたる明智秀満の書状から、坂本城内の様子を探ってみよう。書状は平成三十年十月二十八日の「中日新聞」滋賀県版などで報道されたもので、この年の十二月に横浜市で開催された「お城ＥＸＰＯ」で公開される文書として紹介された。秀満が川上掃部介という武士に宛てた五月十日付けの書状で年号がないが、内容から元亀三年（一五七二）の文書とするのが妥当だろう。坂本城の広間にある襖・障

明智塚（大津市下阪市）　坂本城落城時に光秀の脇差や宝物を埋めたと伝わる

子の引き手、それに柱の釘隠しについて、早々に取り付けたい旨の連絡があったので、ぬかりなく製作するように命じたものである。川上なる人物の特定は不可能だが、金属加工をする職人の棟梁、あるいはそれを支配する者とみられる。

この文書から分かることは、まず多忙な光秀にかわって、後述する「明智左馬助の湖水渡り」で有名な重臣の秀満が、坂本城普請の指揮を行なっていたこと。坂本城には二つの天主の他、茶会を開けるような茶室があったことは、堺の津田宗及の記録によって知られている他、天主の下に小座敷があったことが吉田兼見の記録に見えている。この文書で製作が急がれている、襖・障子の引き手、釘隠は上記の茶室や小座敷などの御殿に使われたと見られる。本書の月は非常に判読しにくいが、「五月」と読めるなら、元亀三年の夏には坂本城の茶室・御殿は建物が竣工し、内装を行なう段階であったことが知られる。このことは、従来言われるように、元亀三年内に坂本城がほぼ完成していたとする考えと矛盾しない。

坂本城の跡地

坂本城跡地を少し探訪してみよう。国道一六一号線を北に向かい下阪本に入った所で、右側（東側・湖岸側）に坂本城址公園がある。入口に大きな「坂本城址」と刻まれた石柱が建ち、公園内には説明板や光秀像が建っているが、ここは城外と考えられている。本丸の跡は、この公園から北へ百五十メートルほど行った国道右（東側）の研修施設の辺り。当地の湖岸周辺で、渇水時に石垣の列が確認されることで有名だ。大津市教育委員会が作成した推定復元図（公園内に設置）を見る限り、本丸は西の二の丸・三の丸から、さらに湖側に突出した構造をもっていたようだ。研修施設の少し北の国道左側（西側）には「明智塚」と呼ばれる土饅頭《どまんじゅう》がある。説明板によると落城時に光秀の脇差《わきざし》や刀、宝物類を埋めた場所で、明智一族の墓と伝えられてきた。推定図によれば、ちょうどこの塚周辺が本丸と二の丸の境で内堀の跡となるが、その痕跡を探るのは難しい。

国道から離れて西に向かうと、東南寺があ

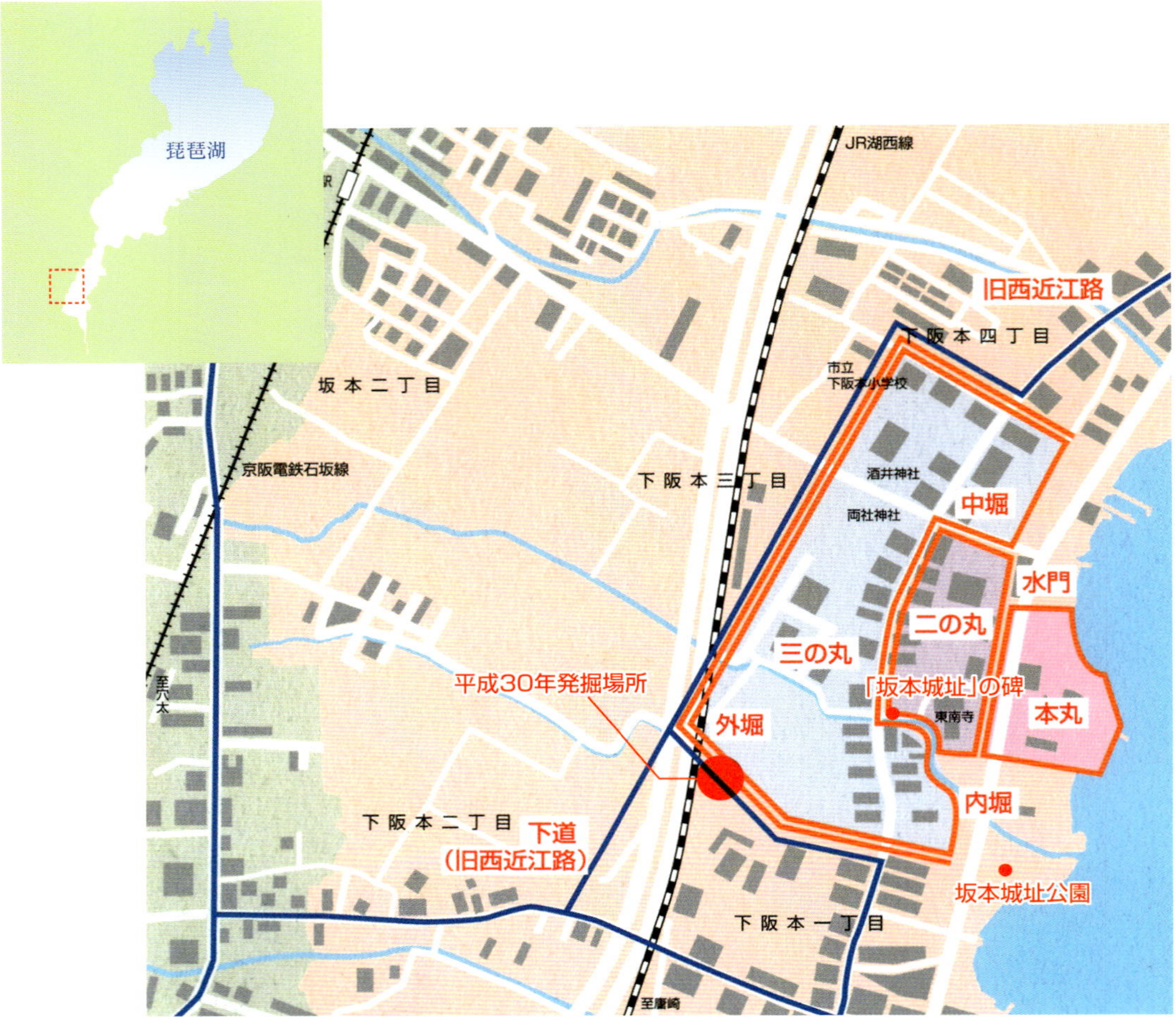

坂本城についての研究や発掘調査の成果に基づいて付近の地形から推定された坂本城縄張り図
（『図説　大津の歴史　上巻』より転載。平成30年発掘場所を加筆）

りその先の北国街道沿いに、「坂本城址」と記された大正四年建立の石碑が建つ。この辺りが二の丸。この北国街道は城の中堀を埋め立てて整備されたとされる。中堀を越えてさらに西に三の丸が広がる。ここには、酒井神社・両社神社と二つの広島藩主浅野家ゆかりの神社が存在する。浅野家の祖・長吉（長政）は、光秀滅亡後の坂本城主となったが、その縁で両社の建立に関わることになる。神社のさらに東の下阪本小学校の東の道が、下路と呼ばれ外堀のラインと推定されている。しかし、大津市文化財保護課が、この小学校の南西四百メートルを平成三十年八月から発掘した所、想定していた三の丸の遺構、外堀の南西の堀が確認できなかったと発表している。この結果を受け、同市は坂本城の規模は、想定よりは小規模だとの見解を表明している。この時の発掘面積は八百二十五㎡でかなりの広さだが、坂本城の実態は杳《よう》としてつかめないままなのは残念である。今後の発掘調査の成果に期待したい。

広島藩主浅野家ゆかりの酒井神社（左）と両社神社（右）。元和６年（1620）に浅野氏によって本殿が再建。この時、両社神社は酒井神社から独立した。いずれの本殿も滋賀県指定の文化財

坂本城主としての治世

坂本城主となってからも、光秀は各地を転戦し多忙であった。元亀四年（一五七三）には浅井・朝倉攻めの最終攻撃があり、小谷城攻めにも参加したと見られる。

この時のことであろう、小谷城周辺の旧家に伝わる「丁野山古砦図《ようのやまことりでず》」には（『東浅井郡志』二掲載）には、山脇山（長浜市湖北町山脇）に光秀が陣を置いたと伝える。残念ながら、この山脇山は現在、陣城としての遺構は認められない。同年八月後半の信長の朝倉氏攻撃にも光秀は帯同したようで、義景が自刃した後の九月に至っても、越前で文書を出している。

これ以降、京都代官としての執務をこなす一方、翌年の天正二年（一五七四）には大和の多聞山城に留守番として入り、二月は美濃へ出陣した。七月は大坂本願寺との戦いのため摂津方面に展開、九月には河内・大和の国境にある飯盛《いいもり》城（大阪府大東市・四条畷市）を攻め、一揆軍を討ち捕っている。その後、再び大和へ入る。天正三年（一五七五）四月になっても、一向一揆攻めは続き河内へ出陣し、高屋《たかや》城（羽曳野市）を陥落させている。五月二十一日の長篠合戦にも参陣しているから、この時期は三河にいた。この直後、信長の推挙で改姓し「惟任《これとう》」と名乗るようになり、「日向守《ひゅうがのかみ》」に任官する。七月から信長の越前一向一揆攻めに従っている。

このような状況であったので、光秀が坂本城にいて政務を行なう時間は限られていたと推定される。その故か、坂本城主としての光秀の姿を知り得る文書は少ない。その一つが、天正二年七月八日に清洲の呉服商人で、百貨店松坂屋の祖と言われる伊藤宗十郎に宛てた文書で、光秀と坂本の関係が垣間見られる。ここで光秀は、尾張・美濃の唐人方《とうじんかた》（輸入着物を扱う商人）と呉服商人は、信長の朱印状があるので、「坂本辺」での商売について、役儀なしで行なえることを保証し、その旨を坂本の船奉行や町人たちへ伝えたと記している。坂本の城下町は、一種の楽市楽座の状態でありながら、他国の商人については課税を行なっていた状況が想定できる。信長の本拠である尾張・美濃から来る呉服商人については、この課税を行なわず、地元の商人と同じく課税免除とすることを知らせたものである。光

光秀の供養塔のある谷性寺（亀岡市）

秀が、城下町の統治にも、深く関わっていたことが読み取れる。

兼見小姓の逐電事件

　光秀と親しかった吉田兼見の記録に、後日の話であるが次のような話を載せる。天正七年（一五七九）二月二十二日、兼見の小姓である与次という者が、兼見のもとから逐電した。この与次の出身地が坂本城の領国内である滋賀郡雄琴《おごと》（大津市雄琴）であったことから、翌日になって兼見は小姓の探索を光秀に願い出た。すると、その翌日の二十四日、光秀家臣の礒谷《いそがい》新介が兼見を訪ね、雄琴へ捜索に向かうに当たって、従者の同道を求めたので、大角与一を礒谷に付けさせている。二十八日になると、兼見はしびれを切らしたのか、坂本へ行き丹波亀山に出陣しようとしていた光秀と城外で出会い、雄琴の代官である大中寺を探索に加えさせるという約束を取り付けた。翌二十九日には、逐電した小姓についての探索を雄琴代官であった大中寺と川野藤介に命じた光秀書状が兼見のもとに届いたので、その書状を両人へ送っている。

　それから、十日あまりたった三月十五日、大中寺と川野、それに礒谷が、逐電した与次をともなって兼見を訪れ、その赦免を願い出ている。兼見は小姓を赦免し、探索に当たった光秀の家臣三人へ夕食をふるまい労《ねぎら》っている。さらに、翌日には丹波にいた光秀に宛て、報告と感謝の使いを出している。この事件について、『新修　大津市史』は光秀と兼見の親密さはもとより、光秀の領国支配が、逐電した者を二十日余りで探し出せるほど完備されていたこと、その統治機構として代官がおかれていたことなどを示すと評価している。数少ない、光秀と坂本城領国の関係を示す出来事として貴重である。

　その他、坂本城主として、滋賀郡と高島郡の郡界確定を行なっている文書や、同じく郡界を流れる「鵜川《うかわ》」の「開作《かいさく》（開削）」を地元の地侍に命じる文書が残っている。

明智左馬之助湖光春水乗歩唐崎松之図（大津市歴史博物館蔵）

明智左馬之助 馬で琵琶湖を渡る「湖水渡り」逸話

天正10年（1582）「本能寺の変」の後、安土城を守っていた光秀の甥の明智左馬之助は、山崎での光秀敗死の報を受け、急ぎ坂本城へ向かった。その途中、大津打出浜から馬に乗り湖中を浮き沈みしながら柳が崎に上陸したという。この様子は多くの錦絵などに描かれている。写真は小林清親の作。

上陸した左馬之助が馬を繋いだとされる松は「駒止めの松」と呼ばれる。（大津市柳が崎）

琵琶湖文化館（現在閉館中）近く大津市打出浜伝承地に建つ石碑

2019年５月の亀岡光秀まつりに除幕式が行われた光秀像（亀岡市南郷公園）

丹波攻めと亀山城主としての姿

太田　浩司

丹波攻めの開始

天正三年（一五七五）五月の長篠合戦以降、信長は丹波攻めを明智光秀に任せることにした。その姿を、関係文書が多くの残っている丹波国船井郡宍人《ししうど》（京都府南丹市宍人）の小畠《こばたけ》氏と光秀との交信を中心に見てみよう。小畠氏の文書は、大阪青山歴史文学博物館や東京の大東急記念文庫などに分蔵され伝存している。小畠氏はもともと北野社の雑掌で、社領支配のために現地に派遣され、室町時代に土着するようになった国衆である。丹波では、光秀は天正三年二月には亀山へ一時入り、七月には桐野河内（南丹市）に出陣したとされる。これが事実なら、光秀の丹波攻撃は長篠合戦の以前から開始されていたことになる。さしあたっては、丹波国最奥に当る氷上郡《ひかみぐん》黒井城（兵庫県丹波市）の城主・赤井直正（悪右衛門）を攻略することが目的で、同年十一月から同城攻めが始まった。第一次の黒井城攻めである。赤井氏は信長・義昭の二重政権時代には、信長側についていたが、この時期になって反信長の姿勢を見せていた。

丹波攻略図（『明智光秀と近江・丹波』より）を加工

小畠氏の当主・左馬進《さまのしん》永明《ながあき》は、天正三年六月十七日には信長朱印状を得ている。そこでは、丹波国守護代を務めた家柄で、桑田郡《くわだぐん》八木城（京都府南丹市）を拠点とする内藤氏、宇津城主（京都市右京区）の宇津氏を討つため、明智光秀を派遣するので共に戦うよう指示されている。同じく桑田郡並河《なみかわ》（京都府亀岡市）の並河氏、桑田郡野々村荘（南丹市）の川勝氏にも同様の命が下されているが、内藤・宇津両氏は反信長の行動を取っていた。光秀も早速、二日後の十九日には書状を永明に与え、信長の朱印状を得た上は、知行は保証し、新たな領地については調整の上与える旨を通知している。

　さらに、八月二十一日にも永明宛てに手紙を認め、永明の合戦での疵《きず》のことを心配しており、養生を怠らないよう伝えている。永明の疵は丹波国内での戦いで負ったものだろう。光秀はこの段階で、越前一向一揆攻めにおいて、越前府中（越前市武生）で多くの敵を討ち取ったこと、これから加賀に転戦することを述べ、やがて宇津氏の本拠・桑田郡宇津を手始めに、坂本には帰らず直接丹波へ討ち入ることを述べている。また、桑田郡の馬路《うまじ》（亀岡市馬路町）・余部《あまるべ》（同市余部町）在城の部隊へ

荒木村重が信長軍に対して
善戦した有岡城跡

の支援を怠らぬよう注意している。すでに丹波国内では、織田方と反織田方の戦闘が始まっていたことが知られる。なお、余部城は光秀が亀山城を整備する以前に、丹波の拠点としていた平地城館である。

波多野秀治の離反

続く、九月十六日の書状においても、光秀は永明の疵の具合を心配している。今度の丹波出陣について、いろいろ気遣っては病の回復が望めないので、合戦には「わかき衆」を派遣し、永明は医師と相談して養生につとめること。光秀は九月二十一日に丹波へ出陣するので、もしも国内事情で気になることがあれば、乗物に乗ってでも伝えに来て欲しい。追而書《おってがき》によれば、光秀はこの時まだ越前にいることが分かるが、丹波攻めが現実味を帯びていたことが読み取れよう。

この書状で、丹後に向かうと言った光秀であるが、一旦は九月二十三日に坂本へ帰ったようで、但馬の竹田（兵庫県朝来《あさご》市）から丹波氷上郡に出陣したのは十一月であった。十二月には、丹波の村々へ徳政令を出しており、在陣は年をまたいで翌年の天正四年（一五七六）にまで及んだ。ところが、同年一月十五日、黒井城攻めに参加していた八上《やがみ》城（兵庫県丹波篠山市）の城主波多野秀治が突然離反し、黒井城包囲にあった光秀軍に襲いかかってきたのだ。光秀軍は大崩壊、二十一日には京都を経て坂本へ帰陣することになった。

当初、最奥の氷上郡の黒井城を落城させれば目処が付くと見られた丹波攻めは、それより京都に近い多紀郡八上城攻略の必要が生じ、戦略の根本的な建て直しを迫られるようになる。これは、羽柴秀吉の播磨攻めの場合とよく似ており、天正五年（一五七七）に備前国近くの上月《こうづき》城（兵庫県佐用郡佐用町）まで攻め入ったものの、天正六年（一五七八）になって播磨三木城（兵庫県三木市）の城主・別所長治や、摂津有岡城（兵庫県伊丹市）の城主・荒木村重の謀反が起き、秀吉は前線を持ちながら後方の対応に追われることになる。当初は信長に味方すると言っても、実際に光秀や秀吉によって率いられた織田軍が現地入りし、国内を蹂躙《じゅうりん》して進む姿を目の当たりにすると、嫌悪感を抱き毛利氏の調略に乗る者も多く出たのであろう。

丹波侵攻のために、光秀が軍事的拠点として整備した亀山城（京都府亀岡市）

光秀は天正五年（一五七七）二月にも丹波に入るが、大規模な軍事行動は行なえず、戦闘は小康状態を迎える。その一因に、光秀の病があった。この年五月から京都や坂本で病気療養をしていたことが知られている。

亀山城築城から八上城攻め

天正五年に丹波攻めの拠点となった亀山城（京都府亀岡市）の築城を開始している。二月五日から十日にかけて、予定されていた森河内（東大阪市）への出陣を延期して、亀山城の惣堀普請を行なうよう、長沢又五郎・小畠永明、森安（不詳）に命じている。鋤《すき》・鍬《くわ》・モッコを持参するようにと具体的な指示も出されている。続いて七月二十四日にも、亀山城普請が少々あるので、自身出役し普請奉行と相談して工事を進めるよう、光秀は永明に命じている。

しかし、この年も二月から光秀は雑賀一向一揆攻め、九月・十月には大和の松永久秀攻めに忙殺され、丹波への攻撃が始められたのは十月下旬に入ってからであった。十一月十

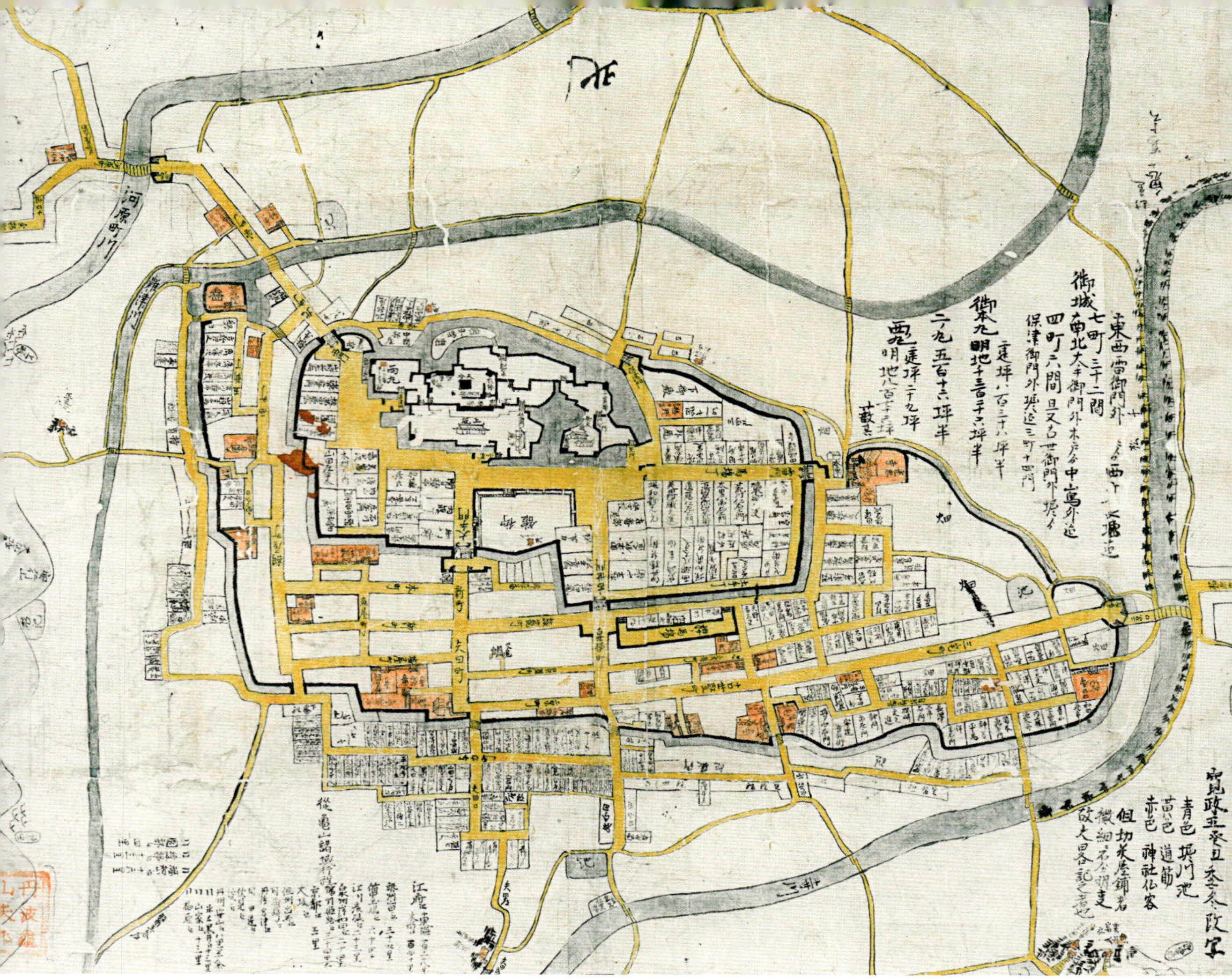

山陰丹府桑田亀山図（個人蔵　提供：亀岡文化資料館）
寛政５年（1793）に写された絵図で、ほかの亀山絵図には見られない高札場、火の見櫓の所在が描かれている。光秀当時のものではないが、縄張りは自然の利点を生かした光秀らしい配慮が感じられ、築城当時すでに城下町亀岡の都市計画が計算されていたことが感じられる

七日の宛先不明の書状（熊本三宅文書）では多紀郡内の籾井《もみい》城（丹波篠山市）の他、郡内の十一の城を落城させたと述べている。反信長軍の中核・波多野氏が籠もる八上城への包囲網は確実に狭められていった。

天正六年は当初から秀吉の上月城攻めに動員されるが、四月二十六日には園部城（南丹市）の荒木氏綱を降伏させ、九月になると丹波八上城攻撃についての史料が残り始める。光秀は八上城の背後の山に付城《つけじろ》（敵城を攻撃するための砦）を築かせていた。光秀は小畠永明に十一月一日付で、摂津国荒木村重の一族・重堅《しげかた》が、山沿いに八上城の来援しに来たとして、大した勢力でないので動じることがないよう伝えている。また、波多野氏が領する多《た》紀《き》郡と、赤井氏が領する氷上郡の境に構築した金山《きんざん》城（丹波篠山市・丹波市）を見回るよう、同月十九日の文書で永明に命じている。この城は、波多野氏・赤井氏の連絡を分断しようとして、光秀が築かせたものだった。

『信長公記』によれば、八上城攻撃は四方を三里（約十二キロ）にわたって堀をめぐらし、塀や柵で囲い、随所に町屋風の番所を配置、そこに番人をおき、獣《けだもの》の類も通う隙間《すきま》もない完璧な包囲網を構築したという。近年

城下町の面影が随所にみられる紺屋町の法鷲寺には榎原門が移築されている（京都府亀岡市）

光秀の首塚のある谷性寺（京都府亀岡市）。毎年この寺付近で桔梗祭が盛大に行われる

の研究では八上城周辺に十三ヶ所の付城遺構が確認されており、この包囲網の一部と考えられる。

天正七年（一五七九）、これまで光秀の忠実な家臣として活躍していた小畠永明が波多野方の反攻にあい、討ち死にしてしまう。正月二十六日の光秀書状では、永明の戦死を受けて「筆《ひつ》に成り難《がた》し」とその無念さを吐露している。また、二月六日には小畠一族中に書状を与え、嫡子・伊勢千代丸が幼少なので、十三歳までは森村左衛門尉が名代《みょうだい》を務めるよう命じている。丹波入国以来の与力であった永明の死は、光秀にとって痛手で、その一族へも手厚い保護を加えている。

由良川の洪水防止を目的に作られた明智藪（福知山市）

八上落城と丹波制圧

四月四日、丹後の国衆である和田弥十郎に送った光秀書状（下条文書）によれば、八上城からは助命を願うものや城から出る者が現れ、籠城衆には四・五百人の餓死者が出ているとの状況を述べる。城を出てくる者の顔は青く腫《は》れ上がり、「人界の躰《てい》にあらず」と記す。つまり、人間界とは思えない悲惨な状態に城内が陥っていた。落城は間近であるので、そうなったら丹後へ入国することも記している。『信長公記』においては、落城間近の八上城の状況を、「初めは草木の葉を食とし、後には牛馬を食」する惨状であったと記している。五月六日に光秀は、小畠常好（永明の兄、小畠の惣領家）ら三人に書状を出し、城中への調略を行なっているので、近く城内から味方への与同者が現れ、本丸は焼け崩れるはずだから、功を焦って城内に踏み込むことがないよう制している。さらに、敵については、「生物《いきもの》の類《たぐい》」は悉《ことごと》く首を刎《は》ねると、厳しい言葉を使って最終的な攻撃への意欲を示している。

天正七年（一五七九）六月二日、波多野三兄弟はついに降伏し、六月四日には信長の居城である安土へ送られ、城下慈恩寺町のはずれで磔に処せられ殺害された。『信長公記』は、さすがに思い切って神妙な死に様であったと記述する。『明智軍記』などに記され、よく知られる逸話として、波多野氏へ調略を行なった際、光秀が実母を人質として八上城へ入れ、それと引き換えに波多野氏は城を出たとする話がある。ところが、波多野兄弟が安土で殺害されたので、城兵たちが怒って、その報復として光秀の母を磔《はりつけ》にしたとされるのである。本能寺の変の原因として、母が殺害されたことで、光秀が信長を恨んでいたという話が従来からあるが、光秀が母を人質に出したことも、その人質を城兵が殺害したことも根拠がなく、事実とは考えられない。

八上城陥落後、光秀は一時坂本城に帰り、大和吉野への出陣も行なったが、七月十九日には長く信長に反して来た宇津頼重を攻め、丹波の入口にあった桑田郡の宇津城（京都府右京区）を攻略している。さらに北へ上がり、天田《あまた》郡の鬼ヶ城（福知山市）も攻撃している。そして、ついに三月九日に病死していた赤井直正の弟幸家が守る黒井城の総攻撃を、八月九日に行ない落城させた。九月二十一日から

丹波八上高城山合戦図（誓願寺蔵　提供：亀岡文化資料館）
光秀と波多野秀治との戦いのようす。丸に十字を旗印とする波多野の軍勢（上部）と、下は桔梗紋の旗印が見える

中世に作られた横山城を攻略した光秀はここに近世的な城郭を築き福知山城とした。明治になって廃城となったが昭和61年(1986)市民の熱意で天守閣が再建された

は、氷上郡の三尾山城・国領城(丹波市)を陥落させている。この落城の状況を知らせた宛名不明の二十三日付けの書状(東海大学附属中央図書館所蔵文書)に、光秀は「三ヶ年以来の鬱憤《うっぷん》を散じ候」と述べている。この結果、丹波国北部の天田・何鹿《いかるが》両郡も信長方に靡《なび》く結果となった。

翌年の天正八年(一五八〇)七月には、多紀郡宮田(丹波篠山市)の六斎市《ろくさいいち》に掟書(丹波志)を発しており、その国内統治も軌道に乗ったようである。光秀は丹波国を抑えるため、領内の支城に有力家臣を配置した。黒井城に斎藤利三、福知山城に明智秀満、八上城に明智光忠を入れている。また、天正九年(一五八一)四月十八日の光秀書状(片山宣家氏所蔵文書)には、亀山城の普請手当を船井郡安栖里《あせり》村(京丹波町)の百姓へ渡すよう命じており、本城の亀山城の補強・増築も継続して行なわれていたことも知ることが出来る。

石垣に使われていた転用石

光秀は築城時に旧勢力が崇拝する菩提寺などを破壊、シンボルの石塔などを石垣に使った。現天守にも多くの転用石が用いられている

信長の光秀評価

黒井城やその支城の落城により、光秀が信長から命じられ、天正三年（一五七五）から続けて来た丹波攻めが終息することになる。三尾山城・国領城が落城した翌月に当る天正七年（一五七九）十月二十四日、光秀は安土城へ参向し、信長へ丹波・丹後の平定を報告し、この二国を領国として与えられる。丹波は光秀が自ら統治し、丹後は細川藤孝が光秀の与力という形で支配を行なうようになる。

この段階で、光秀は丹後の細川氏と一色氏に加え、大和郡山の筒井順慶も与力として預けられ、池田恒興（摂津伊丹城主）・中川清秀（摂津茨木城主）・高山重友（右近、摂津城主）らの摂津衆にも影響力を持ち、土佐国の長宗我部氏を介して四国攻略にも関与する存在となる。まさに、織田家随一の重臣としての地位を獲得したのである。

なお、光秀の娘である玉（ガラシャ）が、細川藤孝の長男・忠興に嫁いだのは、天正六年（一五七八）八月のことであった。信長肝《きも》煎《い》りの婚礼であったが、光秀の人脈形成に一役かっていると言えよう。

石山本願寺が開城した天正八年（一五八〇）八月、尾張時代からの信長の重臣であった佐久間信盛が突然罷免された。『信長公記』に十九ヶ条に及ぶ信盛への信長折檻《せっかん》状が載せられている。冒頭に信盛・信栄《のぶひで》親子が本願寺攻撃において何の功績もなく、世間の不評をかっていることを非難している。信長の力を過信し本願寺調略を行なわず、積極的な攻撃を行なわなかった信盛の姿を、信長としては苦々しく思っていたようである。

折檻状の三ヶ条目からは、他の家臣を褒《ほ》め称え、それ引き替え信盛の実績は余りも少ないとの文脈になっている。その冒頭に、「明智日向守働き、天下の面目をほどこし候《そうろう》」と、光秀の丹波制圧に最高の賛辞をおくっている。その後、羽柴秀吉・池田恒興・柴田勝家への称賛が続く。信長が光秀の武将としての資質を含め、丹波・丹後を制圧した功績を高く評価していたことが分かる。これだけ信長の信頼が厚く、その忠誠心も人一倍であった光秀が、どうして主君を殺害せねばならなかったのか。その謎解きを、次章では行なうことにしよう。

天主台の銅門《あかがねもん》番所
藩政時代には対面所から二の丸へ上がる登城口の銅門脇にあったが、明治31年（1898）に寺町正眼寺（現在の市役所付近）に移築された。その後、大正5年（1916）には城址保存会により本丸跡に移築され、天守閣再建に伴い現在地に移された。市内に残るいくつかの城門とともに廃城以前の面影を残している。

丹波平定後、光秀が築城した「福知山城」

福知山城は福知山盆地の中央に南から細長く突き出た丘陵を利用した平山城で、近世的な城郭としてその遺構を整えたのは、天正7年（1579）、織田信長の命を受けた明智光秀が丹波平定をした時に始まる。

城下町の整備は関ケ原の戦い後に福知山に入った有馬豊氏時代と考えられる。光秀の丹波平定以前、この丘陵上には地方の土豪塩見氏が城を築き、横山氏を名乗っていたことから横山城と呼ばれていたが、光秀はこれを福知山と変えた。

光秀入城当時、どれだけ整備されていたかは不明であるが、丘陵地に突如天守閣がそびえ、土居で囲まれ整然と区画された街《まち》が出現したので人々は度肝を抜かれたことだろう。こうしたことが光秀の名を後世まで語り継がれることになったと考えられる。

明治6年（1873）廃城令以降、門などの一部が市内の寺院などに移築されたが、城内の建物はことごとく破却され、堀や石垣もかなり失われ、遺構としては天守台と本丸の石垣が残されているだけであった。（参考『新編　福知山城の歴史』福知山市発行）

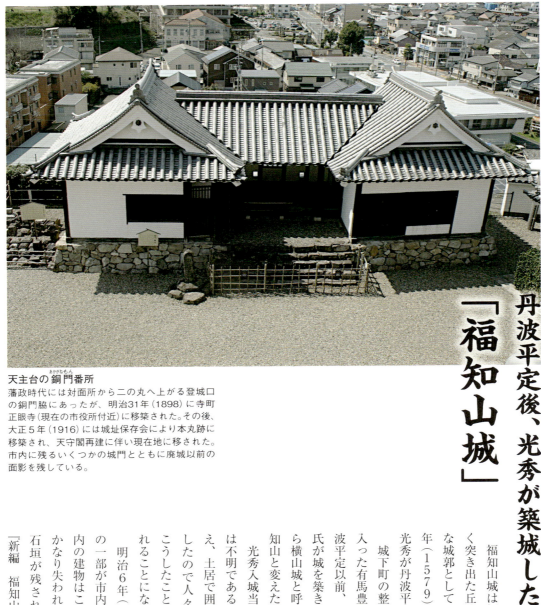

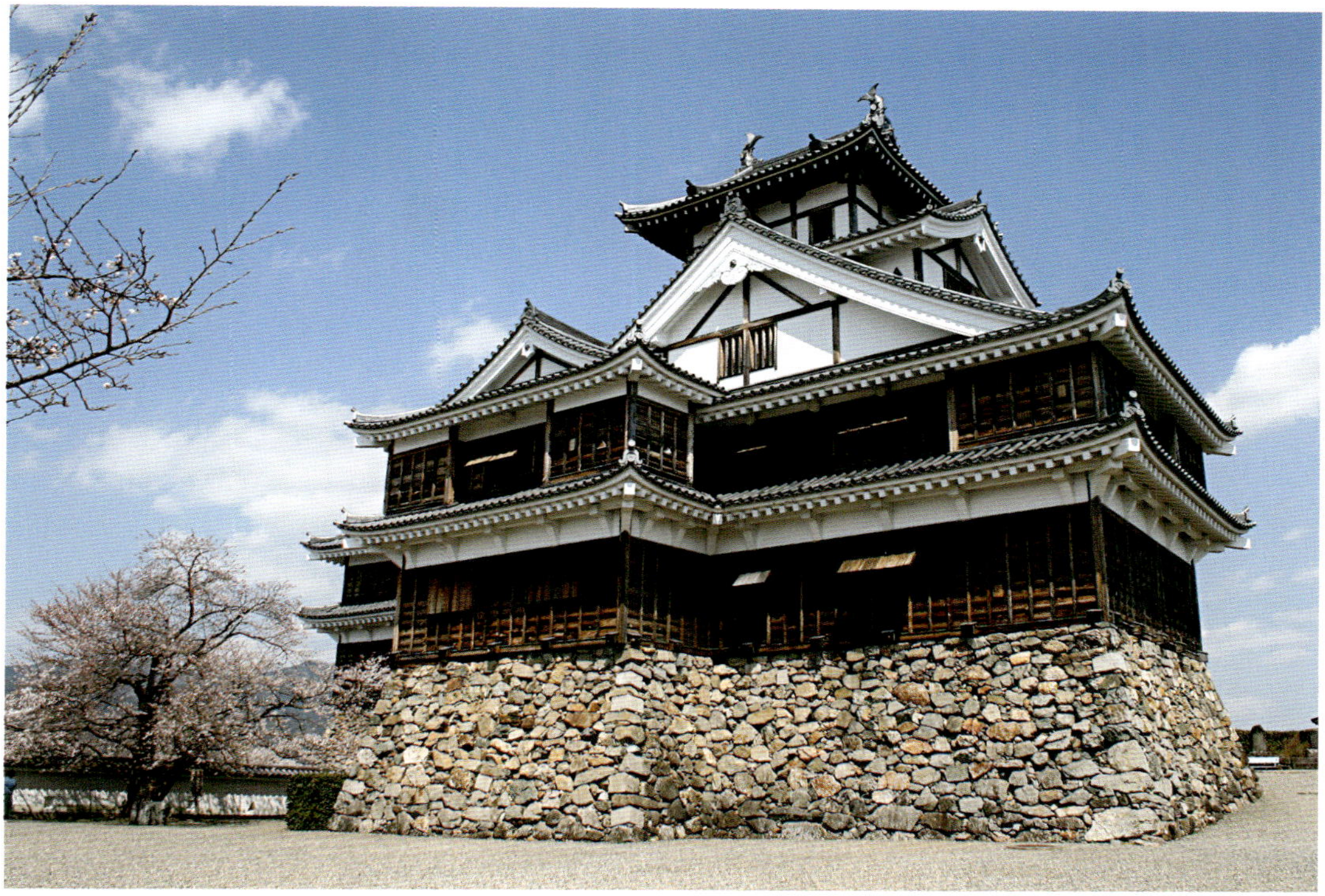

福知山城大天守
明治の廃城後わずかに本丸などが残っていたが、市民の熱意と基金によって昭和61年（1986）に再建された

寛文元年（1661）より13代約200年間にわたって福知山城に在城した朽木氏を祀る朽木神社

大天守からの眺望。丘陵の東端にある天守閣から由良川を望む、手前は明智藪

明智光秀が築いた城下町 京都福知山

先見性のあるまちづくりは今も人々の記憶に残り、福知山音頭では「明智光秀丹波を拡め　ひろめ丹波の福地山」とうたわれる。福知山城築城時の石垣を運んだ時の掛け声が踊りの中に取り入れられている。市民の思いが天守の再建となり城下町の面影がここかしこに残る。

■京都福知山へのアクセス

【電車で】●京都から／JR山陰本線・福知山駅下車、特急で約1時間15分

●大阪から／JR福知山線（宝塚）JR福知山2時間
京都丹後鉄道宮福線・福知山駅から徒歩15分

【車で】舞鶴若狭自動車道・福知山ICから10分

■福知山城

天正年間、明智光秀の縄張りと伝えられ慶長年間に近世城郭として完成された。明治の廃城後わずかに残された本丸が、市民らの協力で大天守閣続櫓小天守が昭和61年に再建された。

福知山市字内記5　☎0773-23-9564

■御霊神社

「災害は非業の死を遂げた人物の怨霊による仕業であり、その恨みを鎮めるためその霊を祀る」という御霊信仰のもと、町の発展に寄与した光秀を主祭神とともに祀る。

福知山市西中ノ町238

☎0773-22-2255

■福知山市治水記念館

福知山市内を流れる由良川沿いの古民家を改修して災害の記憶を後世に語り継ぐべく開館。水害の脅威を示す展示や避難時に役立つ道具、水害を知る語り部の話など多彩な展開がされている。

福知山市下柳町39

☎0773-22-4200

城下町の面影が残る菱屋町界隈。大きな商家をリノベーションし、町の雰囲気にあった風情漂う店舗になっている

■豊磐井《とよいわのい》

福知山藩主朽木氏初代稙昌《たねまさ》の父稙綱の神号「豊磐稙綱彦命」にちなむ。井戸の深さ50mは城郭本丸内の井戸としては日本一の深さで、由良川の川床より深い。

御霊神社前広場に建つ福知山音頭の像

■ドッコイセ　福知山音頭

天正年間、福知山城大改修の際作業をする人々が、石材・木材を城に運ぶのにドッコイセ、ドッコイセーと手振り足振り面白く唄い出したのが、福知山音頭の始まり、光秀のこと、地域自慢などの歌詞が伝わり、「麒麟がくる」放映にあたって新しい歌詞が募集されている。毎年８月14～17日、23～25日広小路に櫓が組まれ二重三重の踊りの輪ができる。

城下町の面影を色濃く残す紺屋町界隈。

■明智藪

かつては「蛇《しゃ》が端《はな》御藪」と呼ばれたが、昭和期の研究で光秀の水害対策との伝承があり明智藪と呼ぶようになった。

■佐藤太清記念美術館

福知山市出身で現代日本画の巨匠佐藤太清（1913－2004）の作品を中心に収蔵展示する美術館。2020年１月11日から翌年の１月11日まで城内及びこの記念館で**「福知山光秀ミュージアム」**が開催される
問合せ：福知山光秀プロジェクト推進協議会　☎0773-48-9108

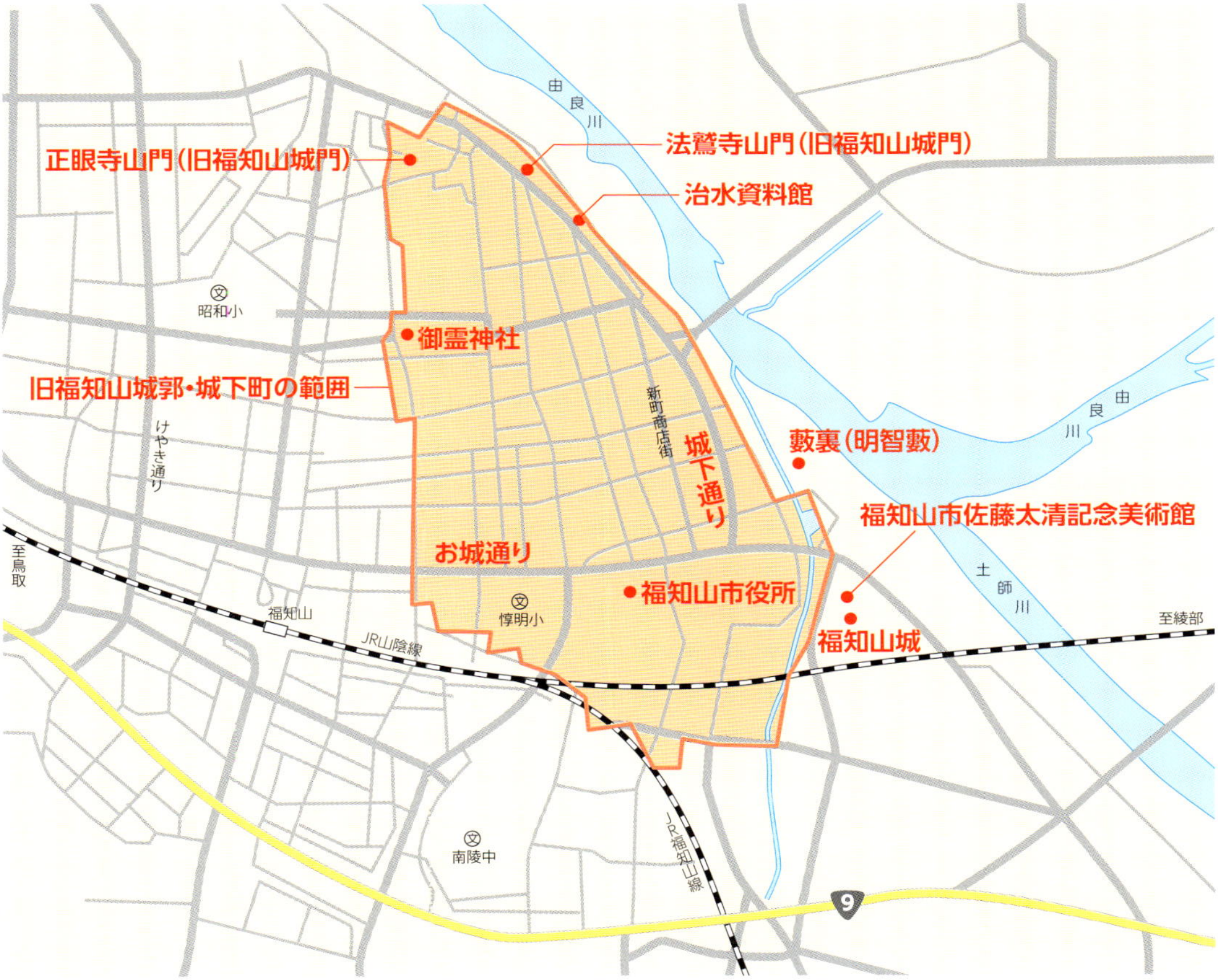

丹波平定の拠点として築城した丹波亀山城下町

明智光秀は、丹波平定の軍事的拠点として丹波亀山城を築城。光秀の善政で栄えた城下町には豊かなまちなみが残る。嵯峨野トロッコ列車、保津川くだり、湯の花温泉が亀岡の３大観光資源であるが、２０２０年１月から新設の京都スタジアム（仮称）で大河ドラマ館開催への意欲がみなぎる。

■京都亀岡へのアクセス
【電車で】京都駅からＪＲ嵯峨野線で20分
【車で】京都市内から国道９号線沓掛ICから京都縦貫自動車道亀岡IC（約30分）
【バスで】阪急桂駅東口から京阪京都交通バスＪＲ亀岡駅前（約40分）

■丹波亀山城跡
光秀が築城、本能寺の変の時、この城から出陣。明治10年（1877）の廃城令で天守閣は解体されたが石垣は残る。現在は大本本部の施設となっているので入城の際は大本本部受付に申し出ること。
☎0771-22-5561（大本本部）

■谷性寺《こくしょうじ》
光秀供養のために祀られた首塚があり、毎年５月の連休に開催される亀岡光秀まつりでは追善法要が行われる。また寺の前には毎年６月から７月に光秀の家紋の桔梗が咲き乱れる。
亀岡市宮前町猪倉土山39
☎0771-26-2054

■旧田中源太郎邸（現がんこ京都亀岡楽々荘）
小川治平作の600坪の名庭。
亀岡市北町44　☎0771-56-8880

亀山城堀跡の南郷公園に建つ光秀像。地名が亀山から亀岡に代わって150年の節目であり、大河ドラマ「麒麟がくる」決定に合わせ令和元年５月３日に建立された。銅像の足元は亀岡特有の朝霧がイメージされている。

■亀岡市文化資料館
縄文時代から現代の亀岡の歴史や文化を伝える資料を展示・公開する。
亀岡市古世町中内坪1
☎0771-22-0599　月曜休館

■聖隣寺
城下の鎮守の毘沙門立像が安置されており、信長の四男で羽柴秀吉の養子になった羽柴秀勝が城主になったとき実父信長を弔うために建てた供養塔がある。
亀岡市東堅町44　☎0771-22-2546

■愛宕神社
勝軍地蔵が主神であることから光秀は何度も戦勝祈願に訪れている。本能寺進軍前の連歌会の発句が有名。
京都市右京区嵯峨愛宕町1
☎075-861-0658

■余部丸岡城跡（西岸寺）
光秀の丹波攻略で周辺の諸将が戦わずして敗走した中頑強に抵抗したのち切腹した福井印旛守貞政の居城、現在は西岸寺。
亀岡市余部町古城39
☎0771-24-4738

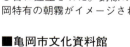

◆亀岡三大観光

■保津川くだり

江戸時代から続く日本最古の舟下り。亀岡から嵐山まで自然の中でスリル満点の渓谷くだり。12月29日～1月4日は運休、増水で運航中止のこともある。

☎0771-22-5846

https://www.hozugawakudari.jp

（提供：亀岡市）

大自然を駆け抜ける列車の旅

■嵯峨野トロッコ列車

JR山陰本線の旧線を利用したクラシカルな列車、最終車両（5号車）は窓ガラスがないので風を肌で感じることができる。12月末から翌年2月末までは運休

☎075-861-7444

（テレフォンサービス）　https://www.sagano-kanko.co.jp

（提供：亀岡市）

武将の傷をも癒す京の奥座敷

■湯の花温泉

亀岡の澄んだ空気と大自然の山々に囲まれた湯の花温泉は、戦国時代、武将の刀傷を癒したとの逸話が残る。日帰り入浴も可

☎0771-22-0691（JR亀岡駅観光案内所）

http://www.yunohana-onsen.com/

■亀岡光秀まつり

（提供：亀岡市）

例年5月3日に開催、初代丹波亀山城主の光秀公を偲ぶ春祭。総勢約500名の武者行列が市内中心部を練り歩く。JR亀岡駅近くの南郷公園では「かめまるフェスタ」を同時開催。

☎ 0771-22-0691（JR亀岡駅観光案内所）

■亀岡祭

鍬山神社の秋季例祭で城下町を11基の山車が巡行「丹波の祇園祭」といわれる。京都府登録無形文化財

☎0771-22-0691（JR亀岡駅観光案内所）

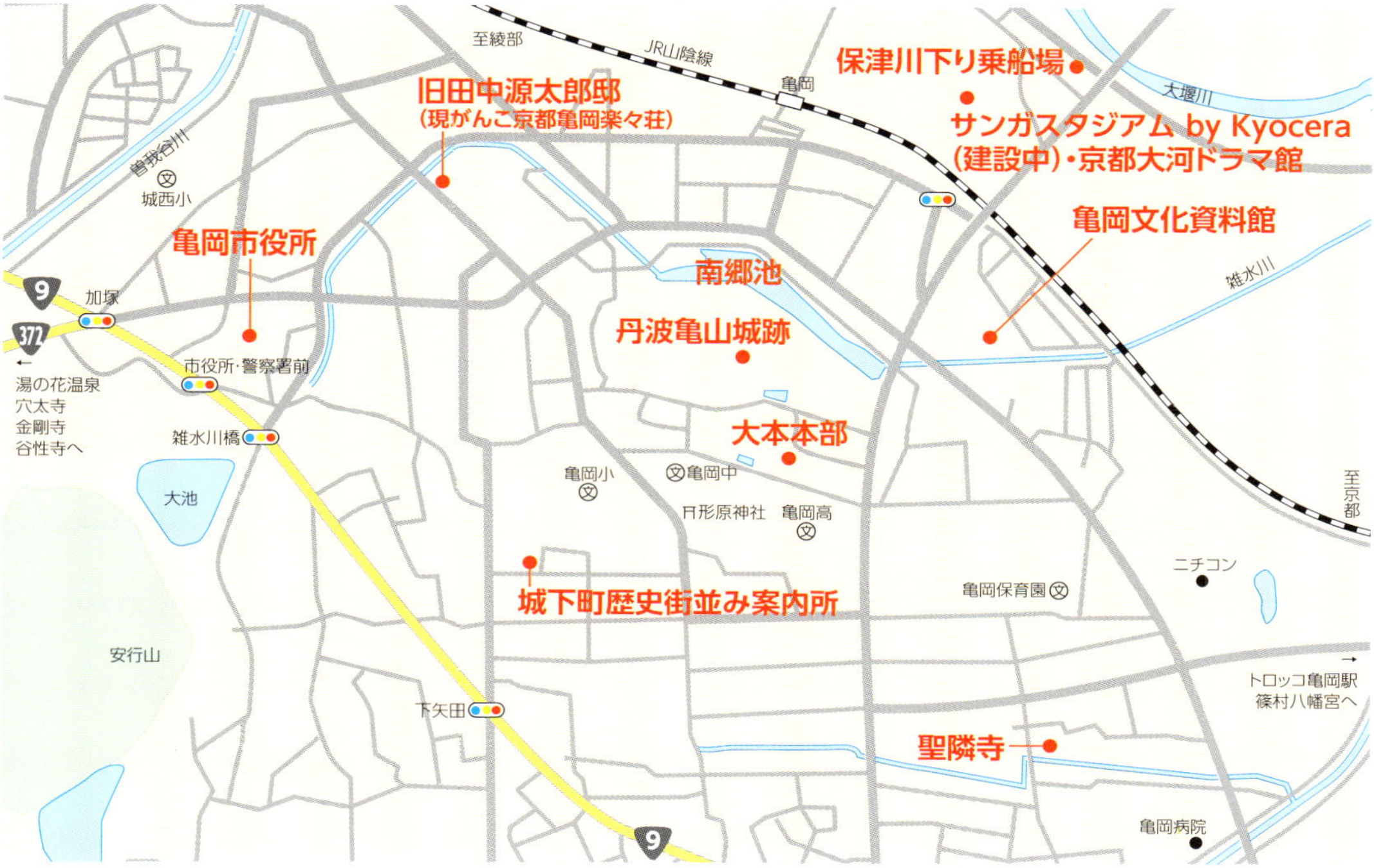

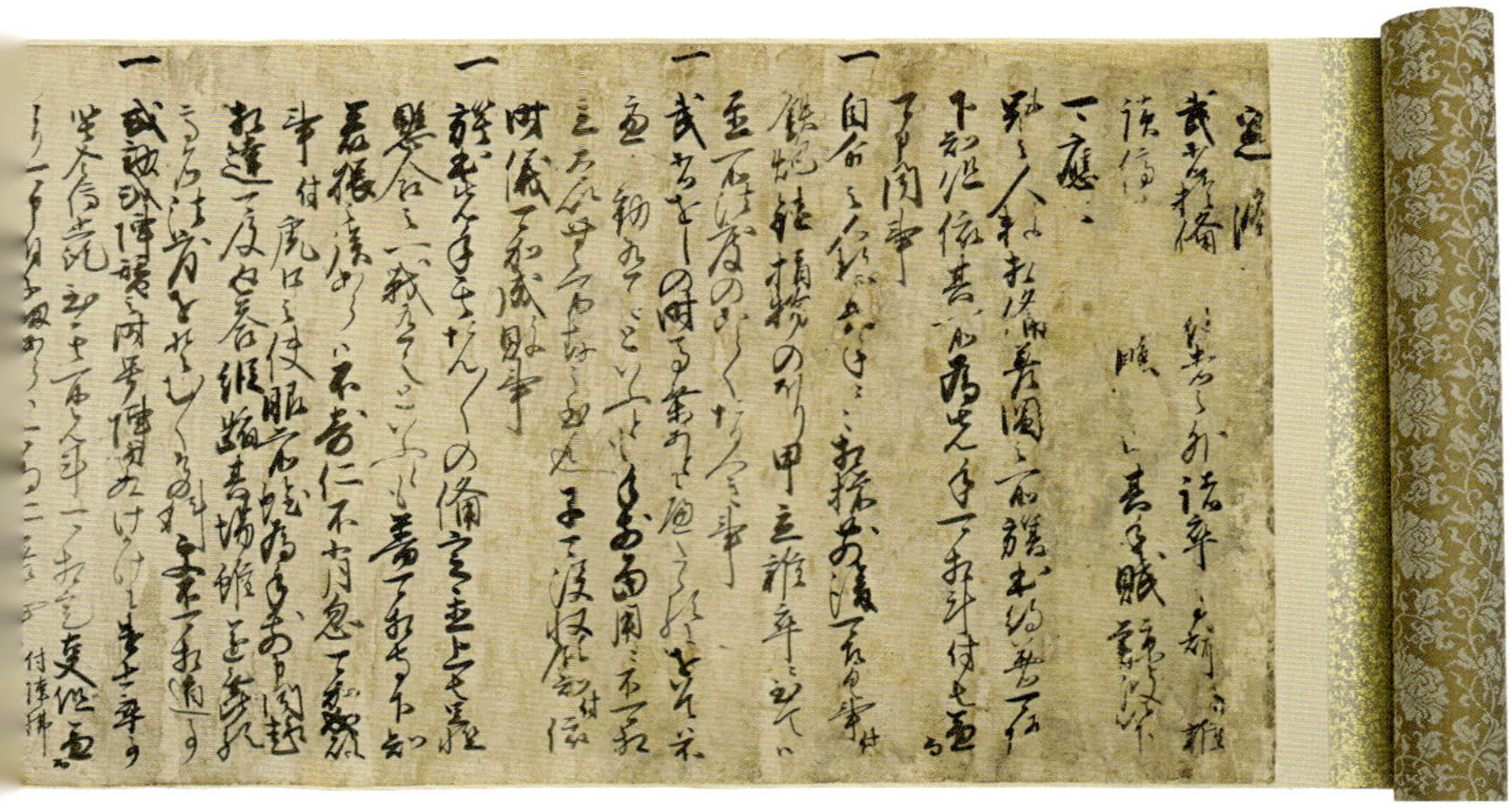

本能寺の変への道

太田　浩司

光秀の軍法制定

天正九年（一五八一）に入っても光秀は多忙であった。二月二十八日に京都で行なわれた信長の馬揃《うまぞろえ》の代官を命じられ、光秀自身も三番衆として、大和・山城衆を引き連れ参加している。四月十七日には、丹波宇津城に城井戸を掘るための人夫の派遣を吉田兼見に依頼し、十八日には亀山城普請に関する指示を送り、五月から六月にかけて丹波衆から指出《さしだし》（検地帳）を提出させているので、丹波国内の統治を行なっていたことが分かる。六月二日には十八ヶ条に及ぶ詳細な軍法を制定している。

　この軍法の第一条では、雑兵が雑談することを禁じ、第二条では、魁《さきがけ》の者は後から来た旗本（大将の近習）に従うこと、第三条では、自軍の管理を徹底すべきことが記される。第四条では、騎乗の指揮者も前線で戦うべきこと、第五条では旗本先手《せんて》は合戦が始まったら大将の命に従って動くことを規定する。第六条では、兵士の抜け駆けを禁じ、第七条では、陣夫の飯米の量を決める。第八条以下は、百石に六人の従者を基準に、その軍役数を、鎧《よろい》武者・馬・指物《さしもの》・槍・幟《のぼり》・鉄砲の数を具体的にあげ、千石取りの家臣まで規定している。このように定められた光秀軍は、所領高に応じた兵士を従え、整然と軍事行動を行なう、日本でも最新鋭の部隊だったと思われる。

　この軍法を定めた理由を、「瓦礫沈淪《がれきちんりん》（落ちぶれた身）」から信長によって召し出され、大軍を率いる身となったからには、軍規を正さないと公務怠慢になると記す。光秀の信長への感謝と、武士としての責任感を読み取ることが出来る。

　さらに、同年十二月四日には五ヶ条に及ぶ家中法度《はっと》も作成している。織田家宿老《しゅくろう》・馬廻《うままわり》衆への路次における挨拶を怠らないこと、他家の家臣との口論に及ぶことがないよう等が記される。信長の御座所（京都や安土）に程近く所領を得ている身であるから、光秀家中は細心の注意をはらうよう最後に記す。この

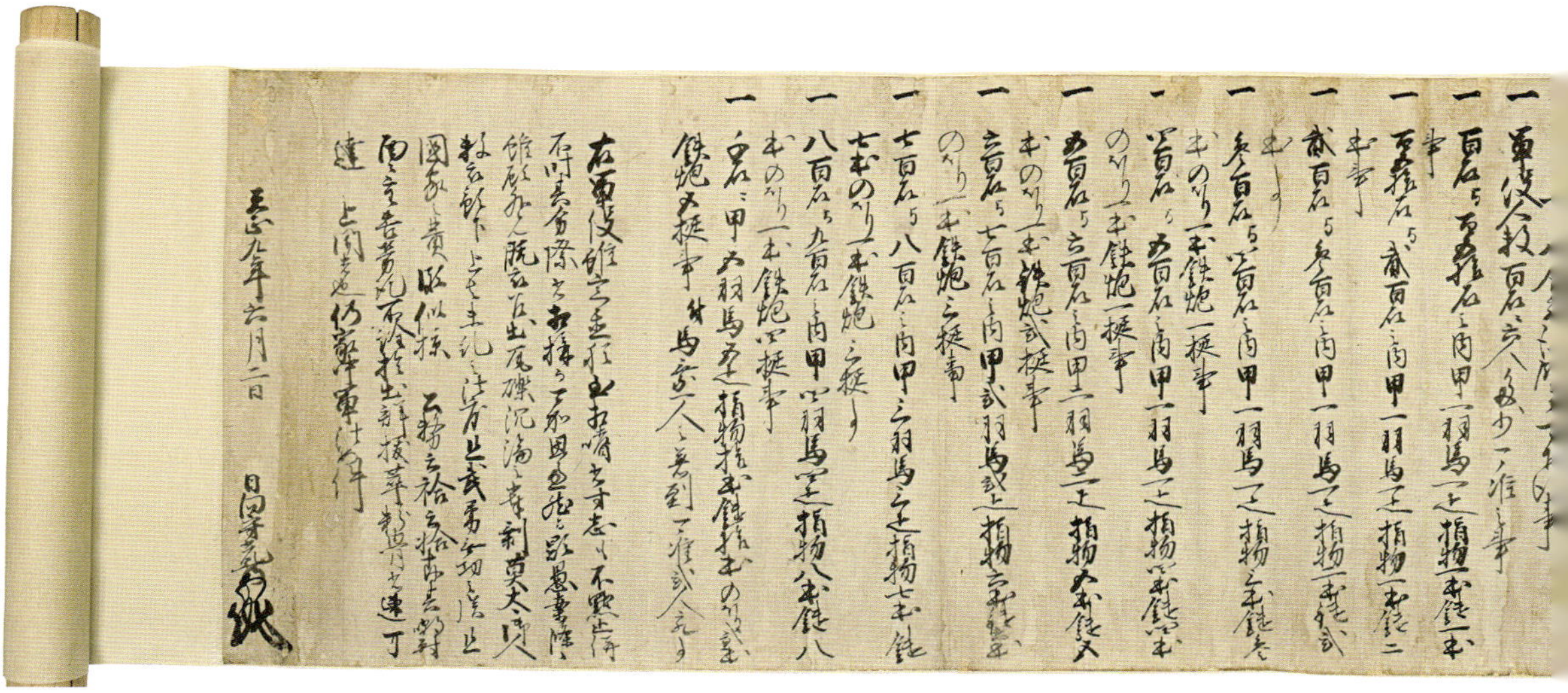

天正９年（1581）に光秀が制定した「家中軍法」（御霊神社蔵　提供：福知山市）
織田権力における唯一の軍法であるが、光秀は八上城攻めを巡る兵の実態を見る中で構想を練った印象が見受けられる。

明智光秀を祀る御霊神社（福知山市）
神社の由緒書では、光秀が領民に慕われていた様を記し、神社は光秀を祭神とし光秀没後123年、宝永２年（1705）に創建された。社殿には桔梗の紋が輝く。

「家中軍法」で定めた経路のひとつ「渋谷街道」

法度の第二条で丹波亀山と坂本を行き来する家臣たちの経路を定めている点は興味深い。上手は京都北部・紫野から白河越え、下手は渋谷《しぶたに》街道を経て大津越えと定める。ここでも、光秀の繊細な性格を読み取ることが出来る。

なぜ信長は殺されたか

翌年の天正十年（一五八二）は、三月に武田勝頼を攻めるため信濃へ出陣、四月には帰国するが、五月十四日には安土に逗留《とうりゅう》する徳川家康の接待役を命じられ、十五日から十七日まで饗応《きょうおう》を行なっている。二十六日には、中国地方で苦戦する秀吉援助の兵を準備するため、坂本から亀山に移動する。愛宕山《あたごやま》への参籠をすませ、六月一日夜に丹波から京都へ向かい、二日早朝に本能寺において信長を討ち取ることになる。

光秀が、なぜ「本能寺の変」を起したかについて、同時代史料は口をつぐむ。例えば、光秀と親交があった吉田兼見の日記『兼見卿記』（別本）を読んでも、六月二日の早朝、光秀が丹波から信長の居所・本能寺を攻め、即刻織田信長は自害したと記す。本能寺と信長の長男・信忠がいた二条の御所に火が放たれ、都の内外は騒然となったとあるのみだ。

江戸時代に入って、光秀の決起理由が語られるようになるが、信長に恨みを抱いていたという怨恨《えんこん》説が主流であった。怨恨の理由は様々である。『太閤記』などは、信長によって光秀が担当していた家康接待役を、不手際を理由に降ろされたことが原因とする。ルイス・フロイスは、信長は光秀を足蹴《あしげ》にしたとまで書いている。『総見記』は丹波八上城で人質になった母親が、信長の波多野氏処刑が原因で殺害されたことを光秀が恨んでいたとし、『明智軍記』は信長が光秀の領地である近江・丹波を取り上げ、出雲・石見へ国替しようとしたことに不安を抱いていたと書く。この他にも、稲葉一鉄との争いがもとで、信長から暴行を受けたなど様々な怨恨説が存在する。

明治時代以降、史料に基づいてこの怨恨説は深められたが、この中で徳富蘇峰《そほう》が後に記す信長の四国政策との関連を触れていること、光秀にも天下取りの野望があったと記しているのは注目していいだろう。その後、戦後になって高柳光壽《たかやなぎみつとし》が光秀の怨恨説を否定し、

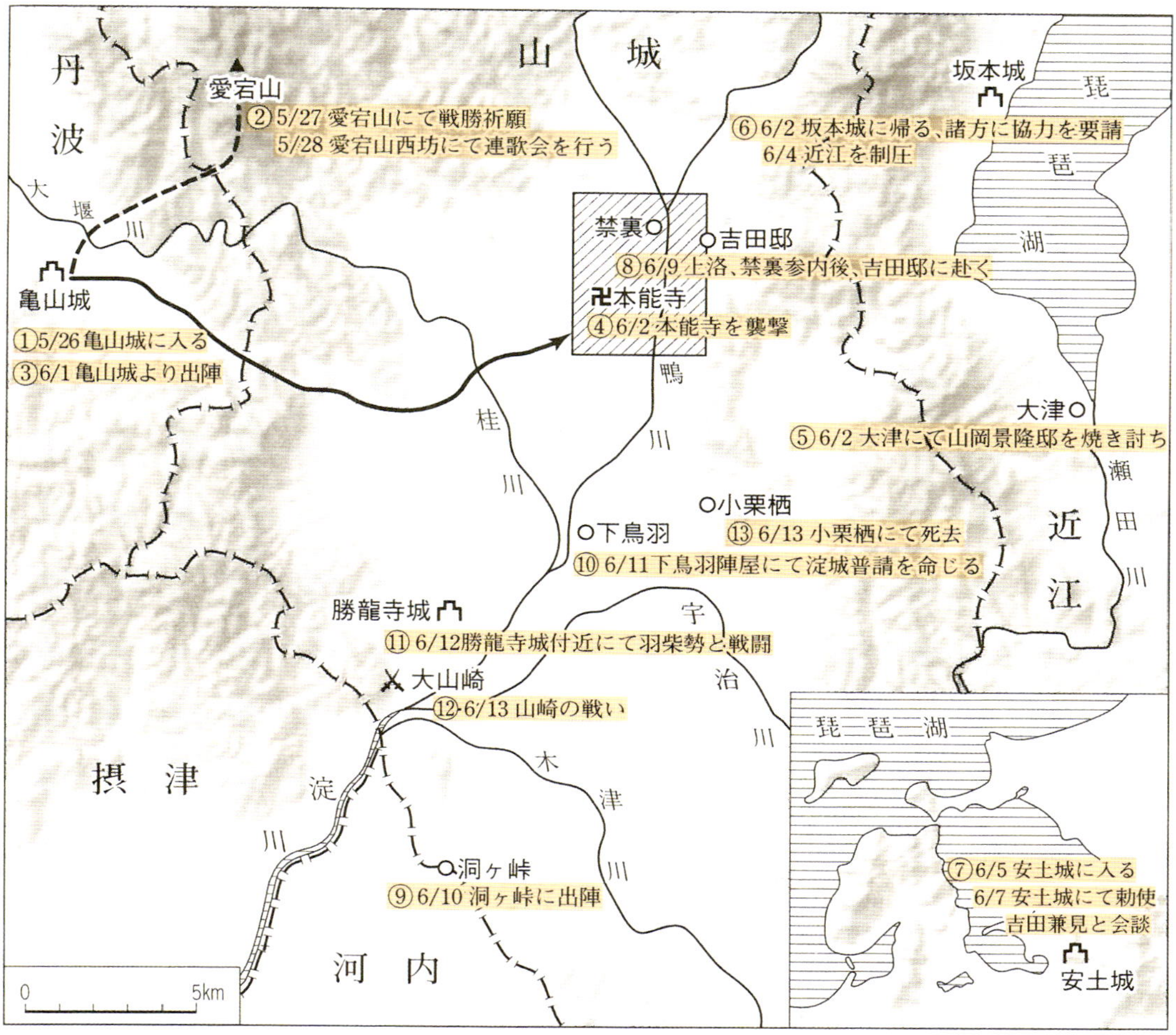

本能寺の変前後の光秀（『新修亀岡市中』より）

天下取りの野望説を説いたのに対し、桑田忠《ただ》親《ちか》は光秀には「武士の面目」があり、怨恨が原因であるとして論争となった。

一九九〇年代になると、光秀の背後にいる黒幕を誰と考えるか、様々な説が登場して来る。その主なものは、朝廷黒幕説・足利義昭黒幕説であろう。その他、イエズス会が関与していたとか、本願寺教如《きょうにょ》が関わったとする説も提示された。一方で、黒幕の存在を否定し光秀が単独で謀反に及んだと考える説もある。これらの中で、近年最も有力となっているのは、四国政策をめぐって、長宗我部《ちょうそかべ》氏との連携を主導してきた光秀が、信長の方針転換により、政治的危機に陥ったことが背景にあり、備後鞆《とも》の浦にいた足利義昭を黒幕と考える藤田達生氏の説であろう。

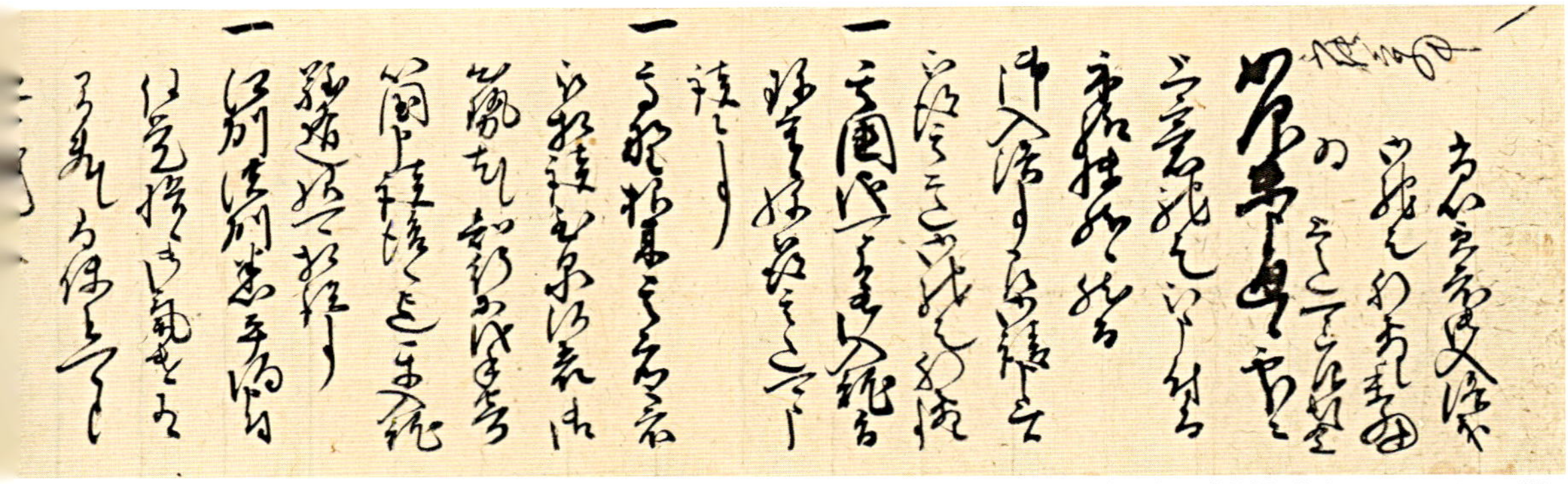

光秀が足利義昭を上洛させる構想があったとみられる土橋重治宛の書状（美濃加茂市民ミュージアム蔵）

長宗我部元親の二通の書状

時代は遡るが、天正六年（一五六七八）十二月十六日、四国土佐の戦国大名であった長宗我部元親は、妻の実家に当たる室町幕府の奉公衆石谷《いしがい》家の当主・頼辰《よりとき》に宛てて、荒木村重の討伐について同意を示した文書（林原美術館所蔵文書）を出した。その中で、後継ぎである長宗我部弥三郎について、石谷頼辰の実弟・斎藤利三、さらに明智光秀を通して、信長に披露を行ない、朱印状で「信」の字を与えられ「信親」と名乗ることが出来たことは、光栄で忝《かたじけな》いと述べている。このように、信長の四国政策は本来、光秀の姻戚関係を利用して、長宗我部氏を取り込んだ融和策をとっていた。

ところが、天正十年（一五八二）二月、信長が三好康長に四国出陣を命じたことにより、大きな政策の転換を迎える。五月七日には信長三男・信孝を四国攻撃軍の最高指揮官に任命、四国の戦いが終わった後は、讃岐国を信孝に、阿波国を康長に与え、土佐・伊予については信長が淡路まで出陣した時に判断すると指示した。また、信孝は康長の養子となり、秀吉の甥・秀次も康長の養子となっていた。

これらの処置は、光秀・長宗我部氏のラインを四国政策の担当からはずし、新たに信孝・秀吉・三好康長のラインに任せ、融和策でなく征服策に舵を切ったことを示した。天正十年五月二十一日付け、斎藤利三宛ての書状（林原美術館所蔵文書）で、長宗我部元親は長年信長のために努力し、悪事を企むこともなかったのに、突然このような仕打ちを受けるとは思ってもみなかったと、その不満をもらしている。

信長と光秀の背後

信長の判断の背景には、四国における長宗我部氏と三好氏による覇権争いがあった。土佐の長宗我部元親と讃岐の三好康長は、自らの領国の拡大のため、近畿地方を制圧し天下の実権を握りつつあった信長に接近していたのである。この争いを、信長は上手く利用して、四国について「漁夫の利」を得ようとしていた。

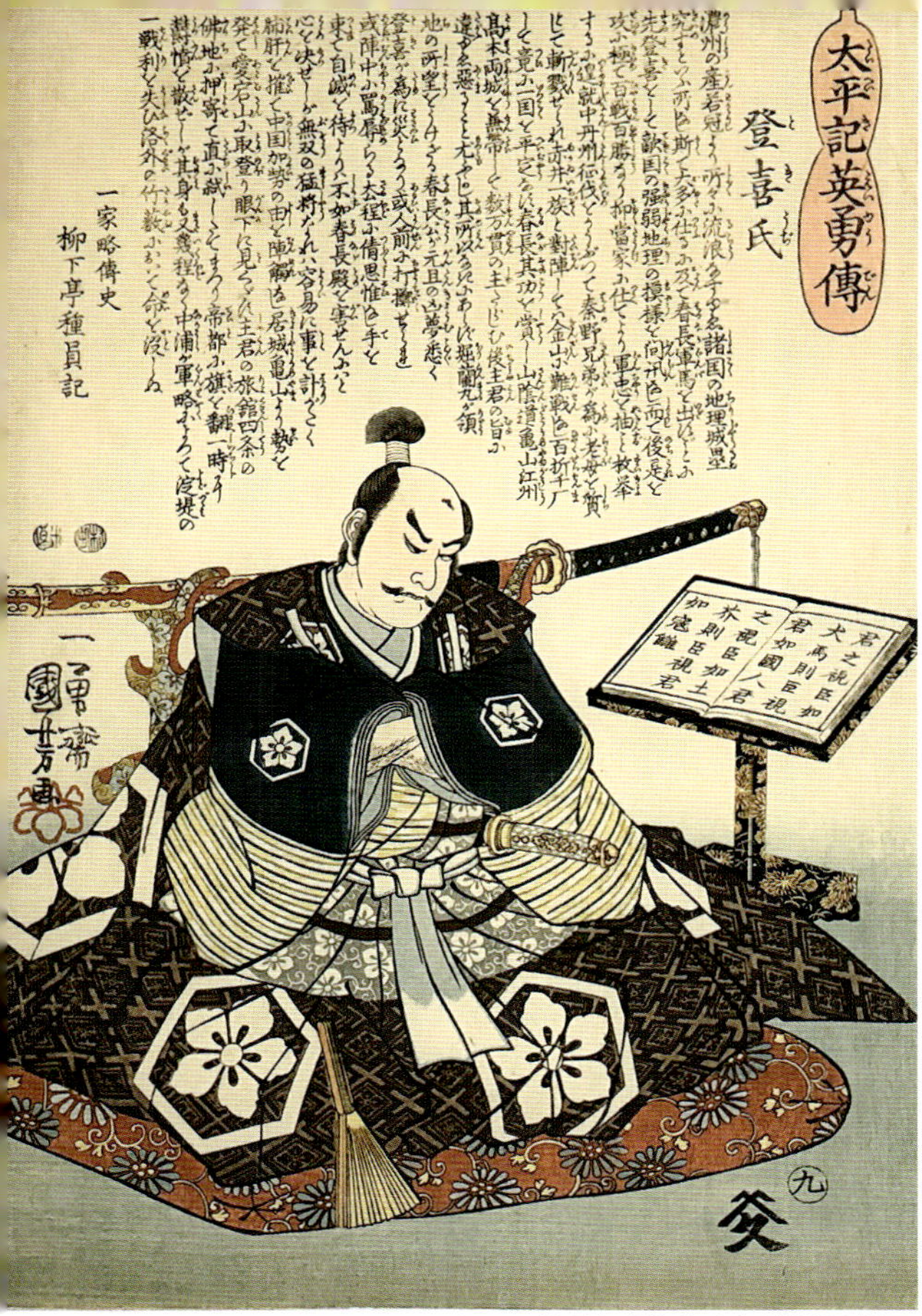

太平記英勇伝「登喜氏」 歌川国芳画
信長の度重なる無理難題に悩む明智光秀（提供：福知山市）

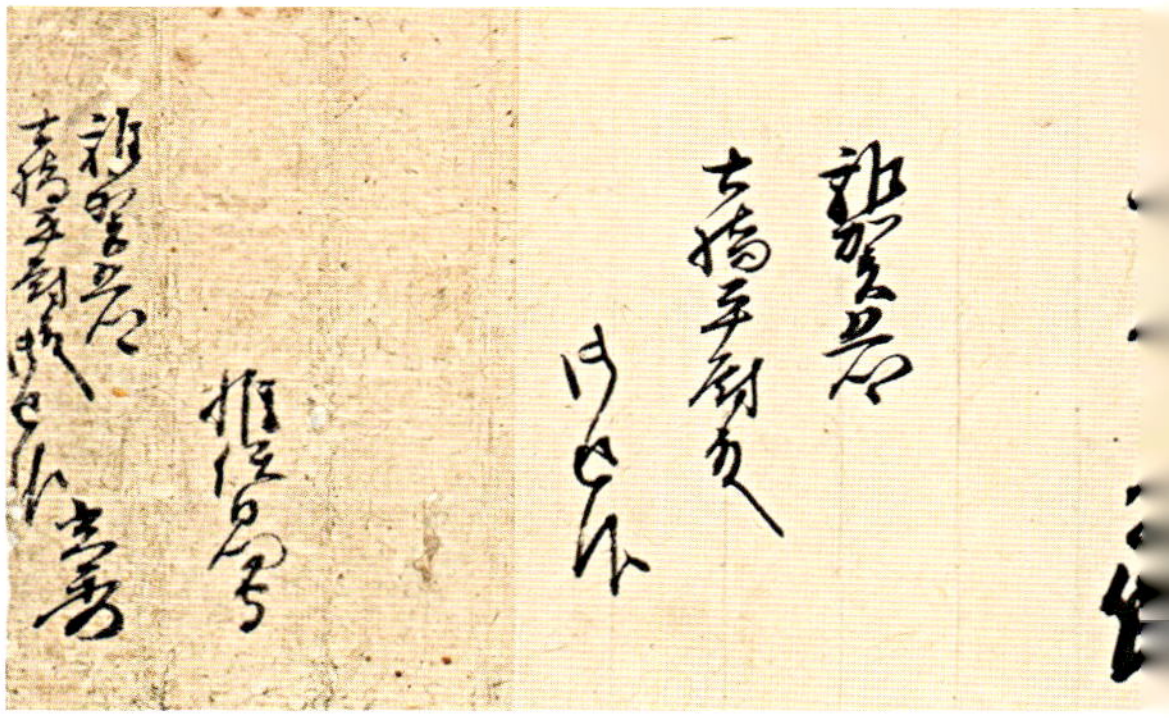

さらに、織田信長家臣団における光秀と秀吉の派閥抗争があった。光秀はその重臣である斎藤利三の姻戚関係を利用して、長宗我部氏を自陣に取り込み、四国政策をリードしようと目論んでいた。一方で、秀吉は制圧した播磨・淡路に隣接する讃岐の三好氏との友好関係を利用して、四国政策における主導権を得ようとしていたのである。「本能寺の変」当日は、光秀の失脚にも繋がりかねない信孝の四国出陣が間近に迫っていた。政治的に追い込まれ絶体絶命の中で、たまたま中国出兵のため、守りが手薄となっていた信長の居所・本能寺がある京都の西を通過する偶然が起きてしまったのである。

さらに、光秀の背中を押したのが、天正四年（一五七六）以来、中国地方の戦国大名毛利輝元に擁せられ、備後鞆《とも》の浦（広島県福山市）に亡命していた足利義昭との連携であった。義昭は光秀の旧主とも考えられ、信長から畿内を追放された後も連絡を取り合っていた可能性がある。「本能寺の変」後で山崎合戦前日に当たる六月十二日、光秀が紀伊雑賀《さいが》の反信長勢力であった土橋重治に宛てた書状（美濃加茂市民ミュージアム所蔵文書）によると、「上意」に従うことを賞し、その人物の入洛が間近であることが記されている。この「上意」と人物は、足利義昭に外ならない。光秀は義昭と密に連絡を取り合い、信長を廃した後に義昭を上洛させ、新たな政権を構築する構想があったと見られる。

また、義昭を匿《かくま》っていた毛利氏も、天正八年（一五八〇）に大坂本願寺が落城し、畿内における反信長勢力の減退が見られるなか、秀吉の中国攻めにより、本拠である安芸・備後が信長勢力に脅かされる状況にあった。毛利氏も信長の存在は脅威であり、何らかの手段による形勢逆転を狙っていたと言えよう。光秀はこのような背景のもと、おそらく誰に相談することもなく、本能寺を攻撃する道を選んだと見られる。ただ、義昭を都に迎える構想は、変後に光秀が思い抱いたものだろう。

老ノ坂峠付近　亀山城から出陣した光秀が「敵は本能寺にあり」と踵を返した場所として知られる

本能寺での戦闘

中国出陣のため、六月一日に亀山城を出陣、老《おい》ノ坂《さか》から沓掛《くつかけ》（京都市西京区）に至った明智光秀は、右に行けば中国地方に至る西国街道につながり、左に行けば京都に出る分岐点で、最終決断し道を左にとった。本能寺内での戦いについては、『信長公記』の記述が一般的であろう。桂川を越えて信長宿所の本能寺に至り境内に攻め入った。信長やその小姓たちは、最初境内で喧嘩が起きたのかと思ったが、鬨《とき》の声が上がり、鉄砲が建物に撃ち込まれると尋常ならざることを悟った。信長が如何なる者の企てかと尋ねると、森蘭丸が明智の兵と答えたと言う。この時信長が発した「是非に及ばず」の言葉は謎めいている。戦意を表すものか、それとも諦《あきら》めの吐露か、意味の取りようで信長の気持ちや、光秀感も百八十度変わってこよう。

信長や近習たちは防戦に努めたが、宿所内で家臣たちが次々と倒れて行った。信長自身は弓で応戦していたが、二張・三張使った所で、いずれも弦《げん》が切れたので槍にて戦う。や

秀吉によって創建された本能寺の信長供養塔

がて、肘《ひじ》に槍傷を負ったので、建物に火をかけ自らは宿中奥深く入り、内側から戸を閉めて自刃したと記す。六月二日の朝のことだった。

また、ルイス・フロイスは次のように報告する。明智軍は守衛を殺害した後は、何の抵抗もなく宿所に入り、特殊部隊が信長の近くまで近づき、ちょうど顔を洗い終え、手ぬぐいで体を拭《ふ》いていた信長を発見、その背中に矢を放った所、信長は矢を引き抜き長刀《なぎなた》をもって応戦した。しかし、鉄砲弾《だま》を腕に受けると、自らの部屋に入り戸を閉じ切腹した。槍か長刀、傷が槍傷か鉄砲傷かの相違はあるものの、『信長公記』が記す所と、大きく相違しない信長の最期であった。

天理図書館に光秀軍に従軍した本城惣右衛門という武士の覚書が残っている。同書によると、彼が宿所中に突入すると、一人だけ女性がおり拿捕《だほ》したが、他はもぬけの殻《から》だったという証言だ。おそらく、突入した箇所により、境内の状況は違っていたのだろう。それよりも、惣右衛門は、最初攻撃の対象が、京都に登っていた徳川家康と思っていたと述べている。ルイス・フロイスも、諸卒は京に向かうことを訝《いぶか》しく思い、おそらくは信長の命に基づいて家康を殺害するのだろうと思っていたと記す。光秀は多くの部下に対して、その行軍目的も攻撃対象も知らせず、丹波国境から本能寺に向かったと見られる。兵士たちは、宿所の主が誰とも知らず境内へ乱入した状況で、信長殺害を命じられていたのは、一部の特殊部隊のみであったのだろう。つまり、「敵は本能寺にあり」という光秀の名セリフは、行軍中に発せられることはなかった。暗殺劇は、そこまで慎重に実行されたのである。

老ノ坂峠付近の道標

山崎合戦古戦場跡、背後に天王山（大山崎町）

山崎合戦碑

光秀の陣地があったとされる恵解山《いげのやま》古墳（長岡京市）

山崎の合戦へ

事件当日、美濃の武将西尾光政らに送った光秀の書状（『武家事記』所収文書）では、信長父子の悪逆は「天下の妨《さまたげ》」なので討ち果たしたとある。「悪逆」はともかく、信長父子が「天下の妨」というのは、光秀の本心かもしれない。義昭や毛利氏、長宗我部氏にとって、信長はこれまでの秩序を乱す者としか映っていなかった。光秀の行動は、彼らの意向を十分忖度《そんたく》しての動きだったと見てよい。光秀は社会状況が見える人物であったからこそ、信長から重用された。しかし、逆に社会を読む力が、彼の責任感を奮《ふる》い立たせ信長暗殺を実行させたのだろう。

ただ、変後の状況は光秀にとって誤算の連続であった。信長の本拠安土を目指したが、瀬田橋は山岡景隆によって焼かれ、橋を修理し安土を手中に出来たのは、六月四日のこと。勅使をつとめた吉田兼見と、安土で会見したのは七日。謀反のことを話したというが、その内容は残念ながら今に伝わらない。この頃には羽柴秀吉が京都に戻ってくるとの情報が伝わり、光

山崎合戦図屏風に描かれた光秀軍（大阪城天守閣蔵）

秀は軍を京都から下鳥羽方面へ展開する。

この時、信じられない情報が入ってきた。娘ガラシャを嫁に出し、平時から親交があった細川藤孝が加担を拒み、大和の筒井順慶も寄子でありながら、態度を明確にしなかった。光秀は九日に藤孝に覚書（永青文庫所蔵文書）を出し、藤孝・忠興親子が元結《もとゆい》を切り、信長への哀悼の意を表したと聞いて、一旦は腹を立てたが、状況を考えれば理解できなくもないと苦しい心境を示す。この上は、重臣を派遣しての援助を願うと共に、今回の信長暗殺は、あくまでも細川藤孝の子・忠興らを取り立てるために実行したもので、百日たてば自分は引退し、忠興に政権を渡すとまで言っている。

光秀は摂津の中川清秀や高山重友（右近）にも味方となるよう説得していたが、秀吉の根回しの方が勝り成就しなかった。四国攻めのために大坂にいた織田信孝は、光秀の娘婿で信長の甥・織田信澄《のぶずみ》を殺害。四国攻めに加わる予定だった丹羽長秀と合流、光秀攻撃の機会をうかがっていた。十三日、備中から大返しした秀吉軍と、山崎で合戦を行なうが、秀吉軍は約四万、光秀軍は約一万で、当初から合戦は劣勢に推移した。

「小栗栖の露」小国政作　（大山崎町立歴史資料館蔵）

小栗栖付近

光秀の死と秀満の逸話

敗北した光秀は、坂本城へ至るため山城東部を通過した所、農民の落武者がりにあい殺害された。その場所は、醍醐・山科の辺りというのが当時の記録が記す所である。他方、京都市伏見区小栗栖《おぐるす》との伝承もあり、現在も「明智藪」の石碑が建つ。

六月二十六日、秀吉が滝川一益に出した書状（大阪城天守閣所蔵文書）によれば、光秀方の首三千余を討ち捕り、淀・桂川に死骸を流したと記す。光秀は山科の籔中に屈《かが》んでいた所を、農民に見つかり殺害され、首は溝に捨てられていたのを、秀吉軍に発見されたとある。この点、馬上竹槍に突かれて殺害されたという通説とは相違する。また、十月十八日に、秀吉が織田信孝の家臣へ送った書状（滋賀県立安土城考古博物館所蔵文書）でも、山科へ逃げ薮の中に入った所を、農民によって首を切られたとある。おそらく、農民たちは光秀とは知らず、甲冑や刀を奪い取り、首は放棄されたのだろう。いずれにせよ、実に惨めな最期であった。

明智光秀終焉の地を示す石碑（京都市伏見区）

本経寺《ほんきょうじ》の光秀供養塔（京都市伏見区）

近江にはこの明智家の最期に関して、「明智秀満の湖水渡り」という逸話が伝わる。山崎合戦の日、織田家の本城であった安土城は、光秀の女婿・秀満が占拠していた。しかし、光秀の敗報が届くと、十三日晩から十四日朝にかけて、坂本城への撤退を始める。瀬田橋での山岡景隆の妨害は突破したが、大津市街地直前で秀吉方の堀秀政の軍隊と遭遇する。突破は困難と見た秀満は、鎧姿《よろいすがた》・馬上のまま湖水に入り、唐崎の松を目指して颯爽《さっそう》と進み、坂本城に帰還したという話が『川角《かわすみ》太閤記』に載る。実際は秀満たちは、坂本城などに常備されていた船を使い、大津の市街地を迂回《うかい》したのであろう。翌十五日、秀満は光秀の妻子と共に、城に火をかけ自刃した。明智一族の繁栄は、その本城である坂本城の落城をもって終止符がうたれた。

坂本城近くの西教寺には、光秀と妻の熙子《ひろこ》らの墓がある。西教寺は坂本城主だった光秀が、比叡山焼き打ち後に再興した寺であった。

光秀 終焉の地 京都市・大山崎町・長岡京市

天正10年6月1日、亀山城を出た光秀は京都本能寺で信長を討つが、中国から戻った秀吉軍と勝龍寺、山崎で戦い、小栗栖《おぐるす》で敗死。京都近辺に残る、光秀終焉の足跡と光秀を弔う史跡を歩いてみよう。

本能寺跡を示す石碑

■信長公廟のある本能寺

信長の死とともに焼失後、秀吉が再建した日蓮宗本能寺に信長の供養塔があり、毎年6月4日に信長忌が行われる。
京都市中京区下本能寺町522
☎075-231-5335

■光秀終焉の地小栗栖の明智藪

逃走中に農民に刺されたとされる小栗栖の藪は本経寺の寺領となり、光秀の供養塔がある。
京都市伏見区小栗栖小坂町5（本経寺）
市営地下鉄東西線「醍醐」下車徒歩15分
京阪バス「小栗栖」下車徒歩５分

■本能寺跡

織田信長が明智光秀に襲われ自害・焼失した本能寺跡は現在高齢者福祉施設本能であり、施設内の「本能寺跡」の石碑にその歴史を刻む。

京都市中京区油小路通蛸薬師下ル元本能寺町

■明智光秀首塚

光秀の首は京都市中で晒されたといわれるが、各地に首塚が存在する。ここでは明治維新後にこの地に移されたという。
京都市東山区三条白川橋下る東側梅宮町474-23
市バス「神宮道」下車徒歩３分
地下鉄東西線「東山」下車徒歩５分

■明智光秀胴塚

光秀の胴体を埋めたとされる胴塚。昭和45年（1970）に石碑が建てられた。
京都市山科区勧修寺御所内町36
市営地下鉄東西線「小野」下車徒歩10分

山崎合戦の地　大山崎町

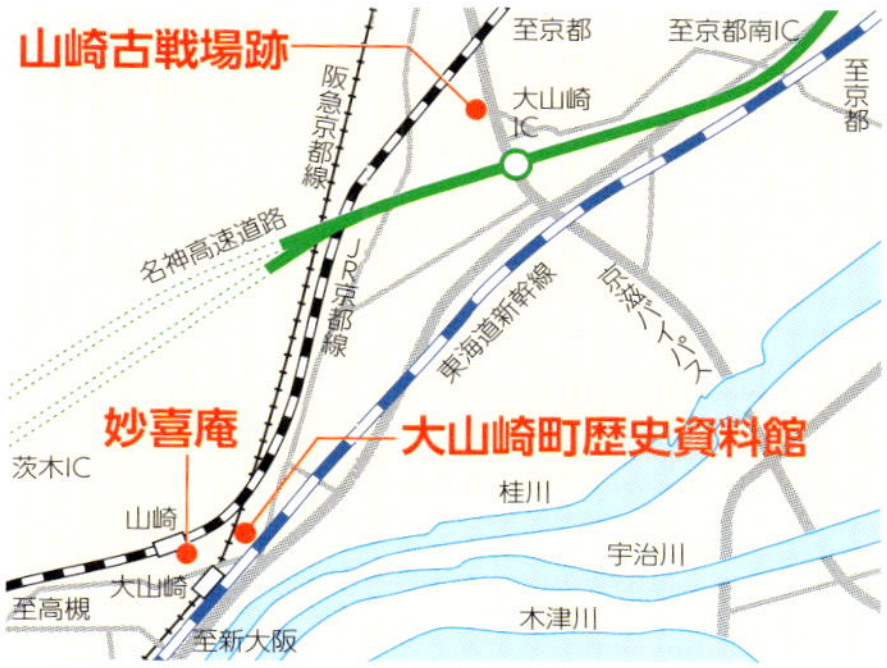

山崎の合戦が繰り広げられた天王山への上り口

■山崎古戦場跡

天下分け目の合戦が繰り広げられたところであるが鉄道、高速道路が縦横に走り当時の面影は少ないが、親切な案内表示が設置されている

京都府乙訓郡大山崎円明寺松田
阪急京都線西天王山下車徒歩10分

■大山崎町歴史資料館

小さな資料館ではあるが、山崎の歴史や油座の話や天王山などの説明を聞くことができる。

京都府乙訓郡大山崎町大山崎竜光３番地　大山崎ふるさとセンター２階
☎075-952-6288

■利休の茶室「待庵」

秀吉が山崎城築城に際し、堺から呼び寄せた利休が、大山崎在住中に建てたといわれる小間の茶室で、犬山市の如庵・京都市大徳寺の密庵とともに国宝三茶室に数えられている。要予約（大学生以上の年齢）

京都府乙訓郡大山崎町大山崎竜光56　妙喜庵（国宝「待庵」）　☎075-956-0103

光秀の三女　玉が嫁した勝龍寺城のある　長岡京市

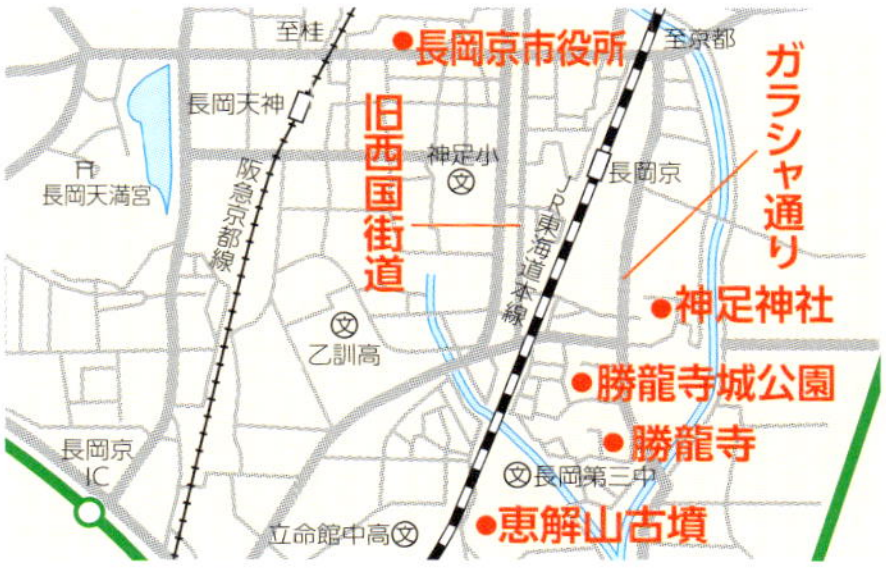

■神足《こうたり》神社

勝龍寺城は、神足氏の居館跡を細川藤孝が整備したとされ、勝龍寺城の北東に位置する神足神社の敷地内には空堀や土塁が遺構として残る。

京都府長岡京市東神足2-16-15

■明智本陣跡　恵解山古墳

山崎の合戦で光秀が陣を敷いたとされる古墳が復元されている。

京都府長岡京市勝龍寺30

■細川藤孝居城跡の勝龍寺城公園

当時の遺構の本丸や沼田丸趾が勝龍寺城公園として整備されている。細川忠興・ガラシャ夫妻が新婚時代に過ごしたとされ、公園には二人の銅像が立つ。

長岡京市勝龍寺13-1
☎075-952-1146（勝龍寺城公園管理事務所）

■長岡京ガラシャ祭り

1992年（平成４年）に勝龍寺城公園が整備されたことを記念してはじまり、ガラシャの輿入れの様子を再現、行列巡行までの1週間を「ガラシャウィーク」とよび様々なイベントが開催される。

☎075-959-1299（長岡京市役所 自治振興室内）

明智光秀の三女

細川ガラシャの生涯

畑　裕子

光秀は妻熙子をこよなく愛し、生涯側室を持つことはなく、二人の間には三人の男子、四人の女子がいたとされる。しかし、それぞれの消息は不明なことが多く詳細は分からないが、不運な運命をたどったようだ。長女は有岡城主の荒木村重の長男に嫁いだが、村重の謀反で離縁し、その後再婚したのが明智秀満である。次女の消息は判明せず、三女が玉で細川忠興に嫁いだ。四女は織田信澄に嫁ぐも光秀との内通を疑われた信澄は横死、その後四女は行方知れずになる。男子はみな光秀の晩年近くに誕生したらしく本能寺の変の頃にはまだ若年だった。フロイスは『日本史』で男子たちを「ヨーロッパの王子を思わせるような上品な子だった」と記す。ここでは、戦国の世ならではの人生を歩んだ玉（細川ガラシャ）に自身の人生を語ってもらおう。

わたくしが坂本城に移ったのはお城が完成した元亀三年（一五七三）のころでした。九歳のわたくしは美しい湖の畔に立つお城がいっぺんに気に入り、

「お母上、早くおいでなされませ。絶景でございますよ」

と湖に突出した本丸から水辺を歩く母、熙子を大声で呼んでいたのでございます。それから七年あまり、十六歳で細川忠興殿と結婚するまで、湖を眺めながらこの城で過ごしたのです。

元亀二年（一五七二）、信長殿から滋賀郡支配を任されたお父上、明智光秀がその拠点として坂本にお城を築かれたのですが、後に『イエズス会日本年報』に「五機内にある諸城中安土山の城を除いては最もよく、最も立派なもの」と記されただけあってお父上自慢のお城でした。

お父上は戦に明け暮れる日々でしたが、城

西教寺の妻木氏供養塔
光秀の妻熙子の父は美濃国妻木城を本拠にした妻木氏の出身とされ、光秀の伯父の妻木藤右衛門広忠は天正10年（1682）坂本城落城後、熙子の墓前で自刃した。西教寺には熙子の句碑のそばに妻木一族の供養塔がたつ

明智光秀公　妻熙子木像（富樫実作　西教寺蔵）

内においでの時は、お母上やわたくしども子らと語りあうのを無上の喜びとしていらっしゃいました。仲睦まじいお父上とお母上はわたくしの誇りであったのです。

二人の結婚のいきさつを乳母はよくわたくしに語ってきかせたものです。

「お殿様は奥方さまの人となりを心から敬い、愛されていたのですよ。ご婚約が成立してまもなく、熙子さまは疱瘡《ほうそう》を患われ、なんとか治ったものの、お顔にあばたが残ってしまいました。お父上の妻木勘解由左衛門は思案の末、よく似た妹の芳子さまを身代わりに立て婚儀に臨まれたのです。ところが、明智のお殿様は『いかなる面変わりなされ候とも、予が契るは唯ひとりお熙どのにて御座候』と芳子さまを妻木家へ帰されたのです。それからも側室を置かれることなく、ひたすら熙子さまを愛されたのでございますよ」

わたくしはこの話を聞くのが大好きで、将来お二人のような夫婦になりたいと乙女心を膨らませていたものです。

「玉子はどんな殿御の花嫁になりたいかの」

とお父上が戯れに申されるとわたくしはすかさず

「明智光秀殿のようなお方です」

と負けじと応えたのですが、事実、わたくしはお父上のような方と結婚したいと思っていたのでございます。

「細川殿のご子息、忠興殿はどうじゃな」

と今度は真剣な顔で申される父上に、わたくしは返事に窮し、ただ首を横に振っておりました。

「ならば、忠興殿は嫌いか」

と問われれば、これまた首を横に振るものですからお父上は、わたくしの意を察せられたのか、お母上と顔を見合わせ、からからとお笑いになるのでした。忠興殿はお父上細川藤孝（幽斎）殿に連れられ、坂本のお城にときおりおいでになっていたのです。

実はお父上は少し前、信長殿へのお年賀の席で

「忠興と玉子を夫婦にせよ」

と命を受けていらっしゃったのです。

「忠興殿は少々神経質なところがおありのようだが、玉子をことのほか気に入っておられるそうだから大切にしてくださるだろう。それに藤孝殿はそれがしの無二の親友でもある」

お父上はそう申され黙っておしまいになり

ました。後で乳母が
「お殿様は玉子さまを他の姫君の誰よりも可愛がっておられたから手放したくないのですよ」
と耳打ちしたのでした。

天正六年（一五七八）八月十四日、わたくしは輿に乗って坂本城を出発し、挙式の行われる勝龍寺城へ向かったのでございます。

その夜は京の清原頼賢卿のお館に泊まることになっていました。そこでわたくしは生涯の友となる清原殿の娘御、佳代さまにお出会いするのでございます。

これも運命というものでしょうか。わたくしの侍女がにわかに病になり、困っていると佳代さまが自ら侍女となることを申し出てくだされたのです。清原家の姫を侍女にするなどとんでもないと、わたくしは困惑しましたが、佳代さまはまったく頓着なさいません。以来、洗礼名をマリアという名の佳代さまはどれほどわたくしの心の支えになってくだされたことでしょう。

わたくしは勝龍寺城で新婚生活を送り、その二年後の天正八年（一五八〇）転封となった細川親子に従い丹後宮津へおもむくのです。

十二万三千石の城主となった舅と夫は戦に出かけたり、在城の折は丹後の国づくりに二人して意見を戦わせておいででした。ときおりわたくしが意見を述べると「玉子はなかなかよい知恵をもっておる」と誉めてくださったこともございます。若君や姫にも恵まれ、わたくしは何不自由なく暮らしていました。

その幸福が思いがけない事件によって破れたのです。天正十年（一五八二）六月二日父光秀による本能寺の変でございました。報せを受けたわたくしは全身の血が引いていく中、逆に冷静になっていきました。馬のいなく馬上で思いつめた顔で軍勢を指揮なさるお父上、そんなお父上の武運を坂本のお城でひたすら祈っておいでのお母上。律儀なお父上のこと、きっとやむにやまれぬ上での決起であられたと思われます。

やがて「味方に加わっていただきたい」というお父上の書状が届き、舅殿も忠興殿も困惑なされているご様子でした。明智の父と舅殿とは長年の盟友、しかもわたくしの婚家が加担しないはずはない、お父上はそのように思われたのでしょう。

ところが、細川家からは何の音沙汰もなく、そのためお父上は再三書状を送ってこられました。わたくしは苦渋する細川親子の心中を推測しながら背負うべき運命を静かに待っていたのです。

数日後、舅殿はもとどりを切ってわたくしのもとにおいでになりました。そのお姿を見たわたくしはすべてを悟り、安土城に進軍されたお父上のご無事とお母上の身の安全をのみお祈りしていたのです。

しかしおっつけ報されたのは、坂本城落城とお父上の死でございました。わたくしは細川親子の無情を心の中で恨みました。父の行動が主君を討つという憂うべきものであったとしてもわたくしには大切な、尊敬する父でございます。幼いころより「玉子さまはお殿様の掌中の玉」といわれ、他の姉妹の誰よりも父から愛されていたわたくしでございます。

それからまもなくわたくしは離縁され、山深い丹後の奥地、味土野へ幽閉されたのです。
「お玉、しばらくの辛抱じゃ。離縁といっても形だけのもの。それがしが、たとえ一時でもそなたを手放さなければならない苦衷を察してほしい」
忠興殿はそう申され、わたくしの手を固く握られたのです。

勝竜寺城公園に建つ細川忠興、玉の像。ここで暮らしたのは２年にすぎなかった

信長殿亡き後、覇者となられた秀吉殿への恭順の意を示されたわけですが、死を覚悟していたわたくしには、少しの動揺もございませんでした。細川家の中には、わたくしに死を望む声もあったようですが、忠興殿は一蹴なされたとのことです。また舅殿もお父上の要請に応じなかったせめてもの償いとしてわたくしの命を助けたいと思われたのでしょう。

死を覚悟したわたくしでございましたが、味土野での暮らしは寂しく堪え難いものでした。宮津に残してきた姫や若君たちはどうしているだろうか。また伏見の小栗栖の竹藪で村人に竹槍で突かれ、無念の死を遂げられたお父上や落城する坂本城の炎の中で自害なされたお母上の幻が夜になると現れ、わたくしは眠れない夜が続きました。

こんなわたくしを救ってくれたのが、婚礼以来、わたくしに付き添ってくれていた清原マリアであったのです。侍女というよりわたくしの友であり、相談相手でございました。明智の血縁をすべて失い、幼子と別れ、しかも秀吉殿の追っ手がいつくるかもしれないという極限の状態はさすがにしっかりものといわれてきたわたくしを打ちのめし、もしマリアさまの支えがなかったらわたくしは自害していたかもしれません。

後にわたくしは受洗するのですが、その土台はこの幽閉生活の中で築かれたのです。敬虔なキリシタンのマリアさまはわたくしにキリストの教えを語られ、わたくしはしだいに生きる勇気を持つようになったのです。

二年後、わたくしは秀吉殿のはからいで幽閉を解かれ、大坂の玉造の細川屋敷で暮らすようになりました。大坂城が築かれ、城下は繁盛し、味土野から帰った当初、わたくしは夢を見ているようでございました。だが、もはやお父上もお母上もこの世においでではありません。この歴然とした現実がわたくしをますますイエス様に近づけ、わたくしはついに清原マリアの導きで洗礼を受け、ガラシャという洗礼名をいただいたのです。

このことがたちまち忠興殿の耳に入り、激怒した殿はわたくしでなく、ともに受洗した侍女たちの髪の毛を切り、耳までそいでしまわれたのです。あまりのことに「侍女でなくこのわたくしの耳を」と、大声をあげましたが、殿は残忍な笑いを浮かべられるだけでした。

確かに忠興殿が憤られたのも道理がございます。秀吉殿が九州出兵の途上、博多で「バテレン追放令」を出されたということでしたから。お家を第一とする殿には当然の処置であったのでしょう。しかし、それにしてもあまりにも酷いなされかた、わたくしは嫁ぐ前、亡きお父上が「忠興殿は立派な方だが、感情の起伏の激しさがおありのようだ」と心配そうに口にしたのを思い出しました。お父上はもしかすると信長殿の青筋のたった神経質なお顔を忠興殿に重ねていられたのかもしれません。

幸いにもそのうちキリシタン禁令がゆるくなってまいりました。殿はわたくしの願いを受け入れ邸内に礼拝堂や孤児院を作ることをお許しくださったのです。一時は「キリストを捨てなければ殺す」と申された忠興殿でしたが、キリストの崇高な精神を認めざるをえなくなったのでしょうか。侍女などは

「お殿様は奥方さまを失いたくないのでございますよ。お殿様は奥方さまのお心がご自分以外のものに向くのがお嫌いなのです。つまり奥方さまを愛されるゆえの嫉妬心でございますよ」

と申すのでした。

勝龍寺城は、細川頼春が暦応２年（1339）に築いたと伝わり、その後信長から城を与えられた細川藤孝が改修。山崎の合戦の際には明智光秀が入って落城。城の周囲には堀がめぐらされ北東に神足神社がある。平成４年に勝龍寺城本丸跡が公園として整備されたのを機に11月の第２日曜に「長岡京ガラシャ祭」が開催され、玉の輿入れ行列など市民の祭りとしてにぎわう。神社前のとおりはガラシャ通りといい、戦国のヒロインゆかりのまちづくりが進められている

問 長岡京市役所　自治振興課　☎075-959-1299

細川ガラシャ顕彰碑

本能寺の変後、玉が幽閉されていた京丹後市味土野（京丹後市弥栄町須川）では毎春、丹後のカトリック教信者らがガラシャの遺徳を偲んで祈りをささげる（提供：京都新聞社）

秀吉殿の死後、天下は石田三成殿と徳川家康殿に分かれ、不穏な情勢が続いておりました。そんな中、忠興殿は家康殿に従い、会津の上杉討伐に出かけられたのです。その留守中、三成殿から玉造の屋敷のわたくしのもとへ「人質として大坂城にくるように」と書状が届けられたのです。わたくしは殿不在の時でもあり、当然、人質を拒みました。それから子らや家臣を逃がし、三成の軍に包囲された屋敷に火を放ったのです。

散りぬべきとき知りてこそ
世の中の
花も花なれ人も人なれ

わたくしは辞世の句をしたため、三成殿のなされように抗議したのでございます。家老小笠原少斎の手によりわたくしはイエス様のもとへ旅立ったのでした。少斎は自殺の許されないキリシタンのわたくしの懇願を聞き入れてくれたのです。

わたくしの死を知った忠興殿が、滂沱《ぼうだ》の涙の中、拳を天に向かって振り上げ大声で泣き叫ばれるのをわたくしは遠い空から見つめておりました。

■「明知光秀」の時代関連年表

西暦・元号	
1467	応仁の乱　戦国時代の幕開け
1527	斎藤道三が美濃守護大名の土岐氏を追放し美濃を支配する
1528　享禄元	光秀出生と伝える（諸説あり）
1534　天文3	信長、信秀の三男として誕生
1537　天文6	秀吉、尾張で誕生
1541　天文12	武田信玄が父、武田信虎を追放し甲斐を支配する
1546　天文17	足利義輝が将軍となる
1548　天文19	上杉謙信が家督を継ぎ越後の守護代となる
1549　天文20	足利義輝、三好長慶に追われ近江へ逃げる
1550　天文21	フランシスコザビエル、日本でキリスト教を広める
1551　天文22	織田信長、家督を継ぐ。この時、尾張の東半分が信長の支配下
1553　天文24	川中島の戦い　武田信玄と上杉謙信の初めての合戦
1556　弘治2	美濃・明智城を出て、越前の朝倉義景に仕えたという 斎藤道三、義龍親子が戦い道三敗れる
1558　弘治3 永禄1	木下藤吉郎（後の豊臣秀吉）、織田信長に仕える
1559　永禄2	織田信長、上洛して足利義輝と会う
1560　永禄3	桶狭間の戦い　織田信長が今川義元に勝利
1566　永禄9	この年以前に光秀、田中城に籠城。木下藤吉郎、墨俣城築城

滋賀県多賀町佐目の十兵衛屋敷跡は光秀出生の地と、口伝で伝わる

多賀町佐目では地域住民のまちおこし事業が始まっている

1567	永禄10	光秀、このころまで越前一乗谷に滞在中の足利義昭・細川藤孝と出会い足軽衆として活躍
1568	永禄11	7月　義昭越前一乗谷から岐阜に移る 9月　信長、義昭を奉じて、上洛、この時光秀も同行したという 11月　光秀、細川藤孝、里村らと連歌会に出席
1569	永禄12	正月　京都・本圀寺で三好三人衆の襲撃から義昭を守る 信長家臣とともに京都行政に参画 山城阿弥陀寺建立に参与
1570	永禄13 元亀元年	若狭攻めの先方隊 4月　浅井氏の離反で元亀争乱始まる 姉川の戦い　織田・徳川連合軍が勝利 9月　志賀の陣　信長、浅井・朝倉軍に敗れる この年長子（十五郎）生まれる
1571	元亀2	近江宇佐山城主になる 9月　比叡山焼き打ち、9月2日光秀書状「なで斬り」記載 光秀、近江・志賀郡を与えられ坂本城を居城にする 摂津・高津に出陣 この年、将軍義昭に暇を請うという
1572	元亀3	坂本城ほぼ完成 信長に従い、木戸城・田中城を攻める
1573	元亀4 天正1	2月　今堅田の本願寺勢を攻めこれを降す 足利義昭追放され、室町幕府滅亡 5月　味方の死を弔う書状（西教寺） 7月　信長から木戸城・田中城を与えられる 信長、小谷城総攻撃、朝倉、浅井の滅亡 この年より村井貞勝とともに天正3年まで京都代官を務める

岐阜県山県市白山神社のうぶ湯の井戸と伝わる

光秀お手植えと伝わる恵那市柿本人麻呂神社の楓

西暦	和暦	出来事
1574	天正2	信長の伊勢・長嶋攻め 松永久秀、信長への降伏後、多聞山城に入城 浅井氏を滅ぼした功績で小谷城を与えられた秀吉は小谷から今浜に城を移し長浜と命名 10月　河内・高屋城 光秀、西教寺の再建に尽力
1575	天正3	正月　信長より、丹波・丹後攻めを命じられる 5月　信長、長篠の合戦で武田氏を破る 5月　島津久家、坂本城でもてなしを受け琵琶湖遊覧をしている 7月　信長より惟任性を与えられ日向守に任官、惟任日向守光秀と名乗る 9月　信長から丹後出陣を命じられ、11月に黒井城を攻め国衆の大半が光秀につく 越前、一向一揆攻めに参加 12月　丹波国内に徳政令、藤孝、光秀の与力として活動
1576	天正4	4月　石山本願寺攻めに従軍 西教寺で戦死者の供養を行う 信長、安土城築城開始 熙子が病にかかる 亀山城の築城始まる
1577	天正5	織田信長、中国征伐の為に羽柴秀吉を中国へ派遣する
1578	天正6	4月　丹波に再出陣、荒木氏綱を降伏させる 8月　娘の玉、細川忠興に嫁す 8月　横山（福知山）城攻略、（秀満） 11月　荒木村重、村次（光秀の女婿）摂津国内で謀反信長と敵対 11月　丹波攻めの拠点として小畠氏に亀山城普請を指示する この年織田信澄が大溝城主に
1579	天正7	丹波黒井城を陥落させ、横山城を陥落後、福知山城として改築 5月　安土城天主完成 6月　丹波国へ進み、波多野秀治の八上城を包囲する 7月　信長、安土城で相撲を見物。前年には4回相撲興行を行った 8月　丹波黒井城の赤井氏を攻め落とす 10月　信長に丹波・丹後平定を報告、丹波一国の支配を認められる 11月　誠仁親王、二条新御所に移り、光秀ら奉行を務める

恵那市明智町の白鷹《しらたか》城には学問所など多くの伝承地が残る

京都市山科区勧修寺の光秀胴塚

1580 天正8	2月 丹波国内の支配を進める、丹波宮田市場の市日を定める 2月 西教寺に梵鐘を寄進 石山本願寺の顕如、織田信長に降伏し石山本願寺を明け渡す
1581 天正9	安土での年中行事「爆竹」開催責任者 2月 皇居東門で馬揃え、三番衆として参列 宮津で茶会、遊覧（藤孝、忠興に誘われ里村とともに） 6月 明智軍法を制定する 12月 家中法度作成 この年、細川藤孝とともに丹後検地を行う
1582 天正10	3月 信長の甲斐・武田攻めに従軍 5/7 秀吉高松城水攻め 5/15～17 安土に逗留する家康の饗応役を命じられ饗応 5/26 光秀、秀吉の援軍として中国出兵を命じられ丹波亀山城入城 5/27 愛宕山で連歌会、「ときは今」発句 5/29 信長1年3か月ぶりに京に入る 6/1 本能寺で島井宗室と茶会 6/2 光秀、本能寺急襲、信長自刃（本能寺の変） 6/3 光秀、坂本城に入る 6/6 秀吉、高松城出発11日尼崎に到着（中国大返し） 6/9 光秀、畿内大名の糾合に失敗 6/12 光秀、勝竜寺城を中心に布陣、秀吉、高槻に到着 6/13 光秀、秀吉軍と激突（山崎の戦い）光秀、坂本へ撤退中、小栗栖で襲われ殺害される 6/15 堀秀政に攻められ秀満、坂本城天守に火を放ち自刃。安土城炎上
1583 天正11	6/27 清洲会議で、信長の後継者に三法師
1584 天正12	賤ヶ岳の戦いで越前の柴田氏敗れる
1585 天正13	長久手の合戦。戦後、近江の国割の中で安土城廃城となり八幡山城へ 秀吉、関白（天皇の補佐役。事実上の公家のトップの地位）となる

《主な参考文献》

・小和田哲男『明智光秀　つくられた「謀反人」』（PHP新書、一九九八）
・大津市歴史博物館『西教寺と天台真盛宗の秘宝』（一九九四）
・大津市歴史博物館『戦国の大津　天下統一の夢坂本城・大津城・膳所城』（二〇〇七）
・亀岡市文化資料館『光秀　亀山城　城下町』（二〇一〇）
・滋賀県立安土城考古博物館『特別展　是非に及ばず　本能寺の変を考える』（二〇〇一）
・滋賀県教育委員会編『近江城郭探訪　合戦の舞台を歩く』（二〇〇六）
・柴裕之『図説　明智光秀』（戎光祥出版、二〇一九）
・中井均『近江の城』（サンライズ出版　一九九七）
・早島大祐「明智光秀の居所と行動」（藤井讓治編『織豊期主要人物居所集成』（思文閣出版、二〇一一）所収）
・福島克彦『明智光秀と近江・丹波　分国支配から「本能寺の変」へ』（サンライズ出版、二〇一九）
・福知山市役所『明智光秀の生涯と丹波福知山』（二〇一七）
・福知山市『新編　福知山城の歴史』（二〇〇九）
・藤田達生・福島克彦編『明智光秀　史料で読む戦国史』（八木書店、二〇一五）
・藤田達生「何が明智光秀を決起させたか」（後掲松江市立松江歴史館『特別展　本能寺の変』所収）
・松江市立松江歴史館『特別展　本能寺の変―再考何が明智光秀を決起させたか―』（二〇一八）
・松下浩『織田信長　その虚像と実像』（サンライズ出版　二〇一四）
・三宅唯美・中井均『岐阜の山城ベスト50を歩く』（サンライズ出版二〇一〇）

■執筆者紹介

太田浩司（おおた・ひろし）

1961年東京に生まれ、明治大学大学院文学研究科（史学専攻）博士前期課程修了。長浜市市民協働部学芸専門監。

著書：『近江が生んだ知将石田三成』『浅井長政と姉川合戦』『近世への扉を開いた羽柴秀吉』『湖の城・舟・湊　琵琶湖が創った近江の歴史』（以上サンライズ出版）『戦国大名浅井氏と北近江―浅井三代から三姉妹―』『戦国浅井戦記　歩いて知る浅井氏の興亡』（編著　長浜市立長浜城歴史博物館）など

松下　浩（まつした・ひろし）

1963年大阪市に生まれ、大阪大学大学院文学研究科修士課程（国学専攻）修了。滋賀県教育委員会文化財保護課主幹。

著書：『織田信長　その虚像と実像』『戦国から近世の城下町』（共著）（以上サンライズ出版）、「戦国期六角氏権力に関する一考察」（『近江地方史研究』29・30号1994）、「六角氏と近江の国人」（『淡海文化財論叢』第５輯　2013年）、『近江八幡の歴史』第６巻通史編Ⅰ歴史の曙から安土城まで（共著）（近江八幡市2014年）など

畑　裕子（はた・ゆうこ）

1948年京都府に生まれ、奈良女子大学文学部国語・国文学科卒業。

著書：『面・変幻』（朝日新聞社）、『椰子の家』『百歳物語』（以上素人社）、『近江百人一首を歩く』『近江戦国の女たち』『源氏物語の近江を歩く』『天上の鼓』『女たちの義経物語』（以上サンライズ出版）など。2014年５月没

■お世話になった方々（五十音順）

安土山保勝会、安土文芸の郷振興事業団、安土城郭資料館、今村重裕、近江八幡市文化観光課、大阪城天守閣、大津市歴史博物館、大山崎町歴史資料館、可児市大河ドラマ活用推進室、亀岡市文化資料館、岐阜県大河ドラマ推進室、京都新聞社、国立公文書館、御霊神社、西教寺（大津市）、滋賀県教育委員会、滋賀県立安土城考古博物館、滋賀県立近代美術館、浄厳院（近江八幡市）、心月寺（福井市）、誓願寺（丹波篠山市）、摠見寺、高島市打下区、高島市教育委員会、天授庵（京都市）、東京大学史料編纂所、内藤真備、長浜市立長浜城歴史博物館、中井均、永光寛、畑明郎、びわ湖大津観光協会、福井市立郷土歴史博物館、福知山市、福知山市教育委員会、福知山光秀プロジェクト推進協議会、藤井敏材、本徳寺（岸和田市）、美濃加茂市民ミュージアム、村井祐樹、和田光生（敬称略）

明智光秀ゆかりの地を歩く

初版　第１刷　2019年10月10日　発行

発行人	岩根順子
発行所	サンライズ出版株式会社 〒522-0004　滋賀県彦根市鳥居本町655-1 TEL 0749-22-0627　FAX 0749-23-7720
印刷・製本	シナノパブリッシング　プレス
デザイン・制作	オプティムグラフィックス
写真協力	辻村耕司
地図作成	岸田詳子

ⓒサンライズ出版 2019　ISBN978-4-88325-666-2